# Bua sa Bhéaltriail

## Lámhleabhar do Bhéaltriail na hArdteistiméireachta

A handbook for the Leaving Certificate Oral Irish Exam

Published in 2014 by
**Mentor Books**
• 43 Furze Road • Sandyford Industrial Estate • Dublin 18
Tel: 01–2952 112 / 3 • Fax: 01–2952 114
Website: www.mentorbooks.ie
email: admin@mentorbooks.ie

All Rights Reserved
The right of Gearoidín Ní Dhuibhir to be identified as the author of this work has been asserted by her in accordance with the Copyright, Design and Patents Act 1988.

Edited by: Una Whelan
Design & Layout: Mary Byrne

ISBN: 978-1-909417-25-0

© Gearoidín Ní Dhuibhir 2014

# Clár

**Caibidil 1:** Struchtúr an Scrúdaithe, Dáileadh na Marcanna agus Comhairle
(*Structure of the exam, allocation of marks and advice*) .................... **05**

**Caibidil 2:** Mé Féin agus Mo Chlann (*Myself and my family*) .................... **16**

**Caibidil 3:** Mo Cheantar (*My area*) .................... **24**

**Caibidil 4:** Mo Scoil agus Saol na Scoile (*My school and school life*) .................... **32**

**Caibidil 5:** Mo Chaitheamh Aimsire: Spórt, Scannáin, An Teilifís, An Léitheoireacht (*My hobbies: sport, films, television, reading*) .................... **42**

**Caibidil 6:** Mo Chaitheamh Aimsire: Ceol, Damhsa, Drámaíocht, Cluichí Ríomhaire, Suíomhanna Sóisialta (*My hobbies: music, dance, drama, computer games, social media*) .................... **67**

**Caibidil 7:** Mo Shaol tar éis na Scoile (*My life after school*) .................... **84**

**Caibidil 8:** Saol an Duine Óig Inniu (*The life of the young person today*) .................... **95**

**Caibidil 9:** Ceisteanna san Aimsir Chaite (*Questions in the Past Tense*) .................... **108**

**Caibidil 10:** Ceisteanna san Aimsir Láithreach (*Questions in the Present Tense*) .................... **121**

**Caibidil 11:** Ceisteanna san Aimsir Fháistineach agus sa Mhodh Coinníollach
(*Questions in the Future Tense and in the Conditional Mood*) .................... **134**

**Caibidil 12:** Cúrsaí reatha agus Topaicí Eile (*current affairs and other topics*): **cúrsaí eacnamaíochta** (*economic issues*) / **fadhbanna sóisialta** (*social problems*) / **cúrsaí polaitíochta** (*political issues*) / **cúrsaí oideachais** (*educational issues*) / **an córas sláinte** (*the health service*) / **cúrsaí aeráide** (*climate issues*) / **an Ghaeilge** (*the Irish language*) / **Na Meáin Chumarsáide** (*the media*) .................... **150**

**Roinn na bhFreagraí** (*Answer Section*) .................... **179**

# Caibidil 1
## Struchtúr an Scrúdaithe, Dáileadh na Marcanna agus Comhairle / Structure of the exam, allocation of marks and advice

Maireann an scrúdú ar fad thart ar 13–15 nóiméad agus tá 4 chuid ann – an fáiltiú, léamh na filíochta, cur síos ar shraith pictiúr agus an comhrá ginearálta. Tá na marcanna a ghabhann le gach cuid den scrúdú leagtha amach thíos maraon le nótaí a bhaineann leis.

*The oral Irish exam lasts approximately 13–15 minutes and is divided into 4 parts – the reception, poetry reading, description of picture sequence and the general conversation. The marks for each part are set out below along with relevant notes.*

### Fáiltiú / Reception                                                                                             5 mharc
**1 nóiméad** / *1 minute*
Sa chuid seo den scrúdú iarrtar an t-eolas seo a leanas a sholáthar:
*In this part of the exam you will be asked to give the following information:*

**Ainm** (*name*), **Aois** (*age*), **Dáta Breithe** (*date of birth*), **Seoladh Baile** (*home address*) agus **Scrúduimhir** (*examination number*). *Each correctly answered question is awarded one mark.*

### Léamh na Filíochta / Poetry Reading                                                                   35 mharc
**2 nóiméad** / *2 minutes*
Roghnaíonn an scrúdaitheoir DÁN AMHÁIN nó VÉARSAÍ DE DHÁN agus iarrtar ar an dalta é/iad a léamh.
*The examiner chooses ONE POEM or VERSES FROM A POEM which the student is asked to read.*

### Sraith Pictiúr / Picture Sequence                                                                         80 marc
**4 nóiméad** / *4 minutes*
Roghnaíonn an scrúdaitheoir SRAITH PICTIÚR AMHÁIN as an 20 sraith pictiúr a bheidh ar fáil bun os cionn ar an mbord. Déanann an dalta cur síos ar an scéal mar atá léirithe sna pictiúir. Ansin cuireann an dalta 3 CHEIST ar an scrúdaitheoir faoi na pictiúir agus cuireann an scrúdaitheoir 3 CHEIST ar an dalta sa chaoi chéanna. Is féidir an cur síos agus na ceisteanna a bheith san Aimsir Chaite nó san Aimsir Láithreach.

*The examiner chooses ONE PICTURE SEQUENCE from the 20 which will be face down on the table in front of the student. The student describes the story portrayed in the picture sequence. The student then asks the examiner 3 QUESTIONS based on the pictures followed by the examiner asking the student 3 QUESTIONS also based on the picture sequence. The description and questions may be in either the Past Tense or the Present Tense.*

# Bua sa Bhéaltriail

## Comhrá Ginearálta / General conversation          120 marc

6–8 nóiméad – comhrá ginearálta
*6–8 minutes – general conversation.*

Cé gur comhrá ginearálta atá i gceist anseo, de ghnáth clúdaítear na topaicí seo a leanas:
*The conversation, while general in nature, normally includes questions on the topics listed below:*

**An dalta féin** (*the student him/herself*)
**An chlann agus an baile** (*The family and home*)
**An ceantar** (*the area in which the student lives*)
**An scoil agus saol na scoile** (*the school and school life*)
**Caitheamh aimsire** (*hobbies*)
**Saol an duine óig** (*the life of a young person today*)
**Slite beatha / an coláiste** (*careers, college*)
**Ceisteanna san Aimsir Chaite, san Aimsir Láithreach agus san Aimsir Fháistineach**
(*questions in the Past, Present and Future Tenses*)
**Ceist sa Mhodh Coinníollach** (*a question in the Conditional Tense*)
**Comhrá ginearálta ar chúrsaí an lae inniu** (*general conversation about life today which can relate to any topic – the economy, the climate, social problems, the Irish language and culture, tourism, technology, etc.*)

## Fáiltiú / Reception   5 mharc

### Ceisteanna / Questions

1. **Cad is ainm duit / Cén t-ainm atá ort?**
   _____ is ainm dom.
   nó (*or*)
   _____ an t-ainm atá orm.
   _____ is sloinne (*surname*) dom.

2. **Cén aois tú?**
   Táim _____ mbliana déag d'aois.

3. **Cén dáta breithe atá agat?** *What is your date of birth?* /
   **Cathain a rugadh tú?** *When were you born?*
   Rugadh mé ar an _____ .

| | |
|---|---|
| 1st – ar an aonú lá | 11th / 12th / 13th … ar an aonú / dara / tríú lá déag |
| 2nd – ar an dara lá | |
| 3rd – ar an tríú lá | |
| 4th – ar an gceathrú lá | 20th – ar an bhfichiú lá |
| 5th – ar an gcúigiú lá | 21st / 22nd / 23rd … ar an aonú / dara / tríú lá is fiche… |
| 6th – ar an séú lá | |
| 7th – ar an seachtú lá | |
| 8th – ar an ochtú lá | 30th – ar an tríochadú lá |
| 9th – ar an naoú lá | 31st – ar an aonú lá is tríocha |
| 10th ar an deichiú lá | |

| | | |
|---|---|---|
| Eanáir – *January* | Bealtaine – *May* | Meán Fómhair – *September* |
| Feabhra – *February* | Meitheamh – *June* | Deireadh Fómhair – *October* |
| Márta – *March* | Iúil – *July* | Mí na Samhna – *November* |
| Aibreán – *April* | Lúnasa – *August* | Mí na Nollag – *December* |

**4. Cén seoladh baile atá agat?** *What is your home address?*
   Táim i mo chónaí i _____ .
   nó *(or)*
   Tá cónaí orm / Conaím i _____ .

**5. Cén scrúduimhir atá agat?** *What is your examination number?*
   Is é _____ an scrúduimhir atá agam.
   nó *(or)*
   Is é mo scrúduimhir ná _____ .

### Leid / Hint

**Foghlaim do bhreithlá is do sheoladh baile de ghlanmheabhair agus cleachtaigh na freagraí seo go rialta.**
*Learn your birth date and home address by heart and practise these answers regularly.*

## Léamh na Filíochta / Poetry Reading   35 marc

**Tasc:** Dán iomlán nó véarsaí de dhán ón gcúrsa comónta filíochta (mar a roghnaíonn an scrúdaitheoir) a léamh.

*Task:* *To read a poem in its entirety or verses from a poem on the common poetry course (as chosen by the examiner).*

### NB

**Roghnaíonn an scrúdaitheoir an dán agus ní thugtar aon am don iarrthóir ullmhú roimh ré.**
*The poem, or part thereof, is chosen by the examiner and no time is given to the candidate to prepare in advance.*

### Leid / Hint

**Éist leis na dánta go rialta ar www.filinagaeilge.tv / www.irish-poets.tv**
*Listen regularly to the poems being read on www.filinagaeilge.tv / www.irish-poets.tv.*
**Má tá deacracht agat le fuaimniú na bhfocal, scríobh leagan foghraíochta amach in aice leis an dán.**
*If you have a difficulty with the pronunciation of any words, write out a phonetic version beside the poem.*

# Bua sa Bhéaltriail

> **Bí cinnte go bhfuil scéal an dáin agus míniú na bhfocal ar eolas agat ionas go mbeidh tú in ann é a léamh le brí lá na béaltrialach.**
> *Make sure that you know the story of the poem and the meaning of the words so that you can read the poem with the appropriate expression on the day of the oral examination.*
>
> **Go n-éirí leat!**
> *The best of luck!*

## Sraith Pictiúr: comhairle is nathanna ginearálta / Picture Sequence: advice and general phrases

**Tasc:** Cur síos a dhéanamh ar na pictiúir agus an scéal atá léirithe iontu.
3 cheist a chur ar an scrúdaitheoir, 3 cheist a fhreagairt.

*Task:* *To describe the pictures and the story portrayed in them.*
*To ask the examiner 3 questions, to answer 3 questions.*

### NB

**Bíonn 30 soicind agat sa scrúdú chun tú féin a ullmhú.**
*You have 30 seconds to prepare.*

**Is féidir an cur síos a bheith san Aimsir Láithreach nó san Aimsir Chaite.**
*The description can be in the Present Tense or in the Past Tense.*

**Téann 80 marc don tasc:**

| | | |
|---|---|---|
| **50 marc:** | **Cumas cumarsáide** – soiléireacht agus líofacht do chuntais / foclóir | |
| | *Communication – clarity and fluency of your description / vocabulary* | |
| **20 marc:** | **Cumas teanga** – foghraíocht / cruinneas | |
| | *Language skills – pronunciation / accuracy of language* | |
| **10 marc:** | **Ceisteanna a chur is a fhreagairt** | |
| | *Asking and answering of questions* | |

### Leid / Hint

Agus tú ag cur síos ar na pictiúir smaoinigh ar na 7 gceist:

**Cé? / Cá? / Cathain? / Cad? / Conas? / Cén fáth? / An chríoch**
*When describing the pictures think of the following 7 points:*
*Who? / Where? / When? / What? / How? / Why? / The end*

# Cé? / Who?

**Cé atá sa phictiúr? Cé mhéad duine atá sa phictiúr?**
*Who and how many people are in the picture?*

**Cén sórt daoine iad?** *What sort of people are they?*
    **daoine óga / daoine fásta / múinteoir / príomhoide / garda / léiritheoir teilifíse** *(tv presenter)* **/ duine speisialta** *(VIP)* **/ aoi-chainteoir** *(guest speaker)* . . .

**Déan cur síos orthu.** *Describe the characters*
    **éadaí, gruaig, spéaclaí** *(glasses),* **féasóg** *(beard)* . . .

# Cá? / Where?

**Cá bhfuil siad? Taobh istigh / amuigh faoin aer / ar scoil / ar laethanta saoire / ag ceolchoirm / ag cluiche peile / ag comórtas / ag díospóireacht?**
*Where are they? Inside / outside / at school / on holidays / at a concert / at a football match / at a competition / at a debate?*

# Cathain? / When?

**Cathain a tharla / tharlaíonn na himeachtaí? Ar maidin / i rith an lae / san oíche / i rith an tsamhraidh / i rith an gheimhridh?**
*When did / do the events take place? In the morning / during the day / at night-time / in the summer / in the winter?*

**Cad faoin aimsir? Go breá / fliuch / gaofar / fuar / te / ag cur sneachta / ag cur báistí / stoirmiúil / grianmhar?**
*What about the weather? Fine / wet / windy / cold / hot / snowing / raining / stormy / sunny?*

# Bua sa Bhéaltriail

## Cad? / What?

**Cad atá / a bhí á dhéanamh acu?** – *What are / were they doing?*
**Tá / Bhí siad . . .** *They are / were . . .*

| | |
|---|---|
| ag glacadh le | *accepting* |
| ag fógairt | *announcing* |
| ag cur ceiste ar | *asking a question* |
| ag dul faoi agallamh | *being interviewed* |
| ag ceannach | *buying* |
| ag caint is ag comhrá | *chatting* |
| ag glanadh | *cleaning* |
| ag gabháil comhghairdis le | *congratulating* |
| ag cócaireacht | *cooking* |
| ag plé | *discussing* |

| | |
|---|---|
| ag baint taitnimh as | *enjoying* |
| ag tabhairt cainte do | *giving a talk to* |
| ag tabhairt amach do | *giving out to* |
| ag dul ar laethanta saoire | *going on holidays* |
| ag cur X in aithne | *introducing X* |
| ag éisteacht le | *listening to* |
| ag bualadh le | *meeting* |
| ag cur glaoch ar | *phoning* |
| ag pleanáil | *planning* |
| ag imirt (spóirt) / ag seinm (ceoil) | *playing (sport / music)* |

| | |
|---|---|
| ag cur X i láthair | *presenting X* |
| ag ciúáil | *queueing* |
| ag léamh | *reading* |
| ag léamh téacs (téacsteachtaireachta) | *reading a text (message)* |
| ag fágáil slán | *saying goodbye* |
| ag screadaíl | *screaming* |
| ag cur téacs (téacsteachtaireachta) chuig | *sending a text (message) to* |
| ag siopadóireacht | *shopping* |
| ag béicíl | *shouting* |
| ag canadh | *singing* |

| | |
|---|---|
| ag déanamh staidéir | *studying* |
| ag tabhairt aire do | *taking care of* |
| ag glacadh páirte i | *taking part in* |
| ag caint | *talking* |
| ag caint faoi | *talking about* |
| ag gabháil buíochais le | *thanking* |
| ag tabhairt cuairte ar | *visiting* |
| ag fanacht le | *waiting* |
| ag siúl | *walking* |
| ag cur fáilte roimh | *welcoming* |
| ag obair | *working* |

## Briathra san Aimsir Láithreach / Verbs in the Present Tense

| | |
|---|---|
| Deir an buachaill | The boy says |
| Luann an cailín | The girl mentions |
| Fiafraíonn an bhean / Cuireann an bhean ceist ar | The woman asks |
| Míníonn sí | She explains |
| Socraíonn siad | They decide |
| Feiceann na buachaillí | The boys see |
| Féachann na cailíní ar | The girls look at / watch |
| Éisteann sí le | She listens to |
| Fágann siad slán le | They say goodbye to |
| Buaileann siad le | They meet |

| | |
|---|---|
| Téann sí a luí | She goes to bed |
| Cuireann sé glaoch ar | He calls / phones |
| Labhraíonn an cuairteoir le | The visitor speaks to |
| Fógraíonn an príomhoide | The principal announces |
| Teipeann ar an mbuachaill | The boy fails |
| Éiríonn leis an gcailín | The girl succeeds |
| Gabhann an fear comhghairdeas le | The man congratulates |
| Gabhann an cailín buíochas le | The girl thanks |
| Glacann siad le | They accept |
| Seolann sí téacs chuig | She sends a text to |
| Téann siad | They go |

| | |
|---|---|
| Ceannaíonn siad | They buy |
| Imríonn siad | They play (sport) |
| Seinneann siad | They play (music) |
| Déanann siad staidéar ar | They study |
| Taispeánann an fear | The man shows |
| Tugann siad aire do | They take care of |
| Tugann siad cuairt ar | They visit |
| Glacann sé páirt i | He takes part in |
| Pléann siad | They discuss |
| Cuireann sí X in aithne do | She introduces X to |

# Bua sa Bhéaltriail

## Briathra san Aimsir Chaite / Verbs in the Past Tense

| | |
|---|---|
| Dúirt an buachaill | The boy said |
| Luaigh an cailín | The girl mentioned |
| D'fhiafraigh an bhean / | |
| Chuir an bhean ceist ar | The woman asked |
| Mhínigh sí | She explained |
| Shocraigh siad | They decided |
| Chonaic na buachaillí | The boys saw |
| D'fhéach na cailíní ar | The girls looked at / watched |
| D'éist sí le | She listened to |
| D'fhág siad slán le | They said goodbye to |
| Bhuail siad le | They met |

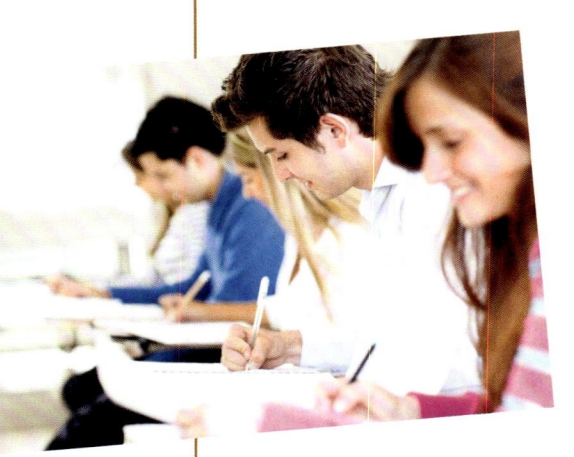

| | |
|---|---|
| Chuaigh sí a luí | She went to bed |
| Chuir sé glaoch ar | He called / phoned |
| Labhair an cuairteoir le | The visitor spoke to |
| D'fhógair an príomhoide | The principal announced |
| Theip ar an mbuachaill | The boy failed |
| D'éirigh leis an gcailín | The girl succeeded |
| Ghabh an fear comhghairdeas le | The man congratulated |
| Ghabh an cailín buíochas le | The girl thanked |
| Ghlac siad le | They accepted |
| Sheol sí téacs chuig | She sent a text to |
| Chuaigh siad | They went |

| | |
|---|---|
| Cheannaigh siad | They bought |
| D'imir siad | They played (sport) |
| Sheinn siad | They played (music) |
| Rinne siad staidéar ar | They studied |
| Thaispeáin an fear | The man showed |
| Thug siad aire do | They took care of |
| Thug siad cuairt ar | They visited |
| Ghlac sé páirt i | He took part in |
| Phléigh siad | They discussed |
| Bhuail an buachaill le | The boy met |
| Chuir sí X in aithne do | She introduced X to |

## Conas atá na daoine? / Cén chuma atá orthu?
### How are the people? / How do they appear?

**Mothúcháin** / *Feelings*

| | |
|---|---|
| Tá <u>áthas</u> ar an mbuachaill. | *The boy is <u>happy</u>.* |
| eagla | *afraid* |
| fearg | *angry* |
| lúcháir | *delighted* |
| díomá | *disappointed* |
| sceitimíní | *excited* |
| ocras | *hungry* |
| leisce | *lazy / reluctant* |
| brón | *sad* |
| tart | *thirsty* |
| tuirse | *tired* |
| imní | *worried* |

| | |
|---|---|
| Tá cuma . . . ar X | *X appears . . .* |
| Tá cuma shona ar X | *X appears happy* |
| Tá cuma mhíshona air | *He appears unhappy* |
| Tá cuma bhuartha uirthi | *She appears sad / worried* |
| Tá cuma fhaiteach orthu | *They appear frightened* |
| Tá siad go sona sásta | *They are happy as Larry* |
| Tá siad ar muin na muice | *They are on the pig's back* |

## An tús: suíomh na bpictiúr
### The start: where is the picture sequence set / what is it about?

| | |
|---|---|
| Tá an scéal seo suite i . . . | *This story is set in . . .* |
| Baineann na pictiúir seo le . . . | *These pictures relate to . . .* |

## Cén pictiúr a bhfuil tú ag caint faoi?
### Which picture are you talking about?

| | |
|---|---|
| Sa chéad phictiúr . . . | *In the first picture* |
| Sa dara / tríú / cheathrú / chúigiú / séú pictiúr | |
| nó / *or* | |
| I bpictiúr a haon / a dó / a trí / a ceathair / a cúig / a sé. . . | *In the 2nd / 3rd / 4th / 5th / 6th picture* |
| Sa chéad phictiúr eile . . . | *In the next picture . . .* |
| Sa phictiúr deireanach . . . | *In the last picture* |
| Feicimid . . . | *We see . . .* |

# Bua sa Bhéaltriail

## Ag cur tuairimí in iúl / Expressing opinions

| | |
|---|---|
| De réir cosúlachta tá / níl / bhí / ní raibh . . . | It appears that . . . |
| Gan dabht ar bith / gan amhras tá / níl / bhí / ní raibh | Without a doubt . . . |

### Ach!

With all of the following expressions we use a different form of the verb **Bí**

| | |
|---|---|
| Sílim / Ceapaim . . . | I think . . . |
|     go bhfuil / nach bhfuil | that something is / is not |
|     go raibh / nach raibh | that something was / was not |
| 'Sé mo thuairim go / nach . . . | It is my opinion that . . . |
| Is dócha go bhfuil / nach bhfuil . . . | I suppose / it seems . . . |
| Is cinnte go bhfuil / nach bhfuil . . . | It is certain that . . . |
| Is léir go bhfuil siad / go raibh siad . . . | It is clear that they are / they were . . . |
| Is cosúil nach bhfuil siad / nach raibh siad . . . | It appears that they are not / they were not . . . |

## An chríoch / The end

| | |
|---|---|
| Cad a tharla ag an deireadh? | What happened in the end? |
| Faoi dheireadh | Eventually |
| Sa deireadh / I ndeireadh na dála | In the end |
| Tá / Bhí gach rud ceart go leor sa deireadh | Everything is / was alright in the end |
| Tá / Bhí críoch shona leis an scéal! | The story has / had a happy ending! |
| Tá ceacht foghlamtha acu! | They have learned their lesson! |

## Nathanna breise / Extra phrases

| | | | |
|---|---|---|---|
| Go tobann | Suddenly | Chuaigh rudaí in olcas | Things got worse |
| Tar éis tamaill | After a while | Tháinig feabhas ar an scéal | The situation improved |
| De réir a chéile | By degrees / gradually | D'éirigh le (Pól) | (Paul) succeeded |
| Gan mhoill | Without delay | Theip ar (Mháire) | (Máire) failed |
| Gan a thuilleadh moille | Without further delay | A bhuíochas le | Thanks to (as a result of) |
| Níos déanaí | Later | Tá siad buíoch as | They are grateful for |
| Mar sin | So | | |
| | | Tá siad fíor-bhuíoch as | They are really grateful for |
| Dá bharr sin | Because of that | | |
| Tagann lá na cinniúna | The fateful day arrives | Is olc an ghaoth nach séideann do dhuine éigin! | It's an ill wind that doesn't blow good for somebody! |
| Faraor / Faraor géar! | Unfortunately! | | |
| Bhí rudaí dona go leor ach bhí níos measa le teacht | Things were bad enough but worse was to come | | |

## An Comhrá – Nathanna Ginearálta agus 'Líontóirí' / The Conversation – General phrases and 'Fillers'

### Mura dtuigeann tú ceist / If you don't understand a question

| | |
|---|---|
| Tá brón orm, ní thuigim an cheist. | *I'm sorry I don't understand the question.* |
| Gabh mo leithscéal, an féidir leat an cheist a chur arís, le do thoil. | *Excuse me, could you repeat the question please.* |

### Chun cúpla soicind a fháil roimh fhreagra a thabhairt / To get a moment to gather your thoughts

| | |
|---|---|
| Sin cheist mhaith / chasta / shuimiúil. Bheadh orm roinnt machnaimh a dhéanamh ar an gceist sin | *That's a good / complex / interesting question. I would have to give some thought to that* |
| Níor smaoinigh mé riamh ar an gceist sin! | *I have never thought about that before!* |
| Bhuel, tá a fhios agam go bhfuil sé go mór i mbéal an phobail le déanaí ach níl mórán eolais agam ar an ábhar. | *Well, I know it is in the news lately but I don't know much about the subject.* |
| Ní saineolaí mé ar an ábhar sin ach tá roinnt smaointe agam. | *I am not an expert on that subject but I do have some thoughts.* |
| Níl aon suim/mórán suime agam i . . . | *I don't have any/much interest in . . .* |

### Nathanna Ginearalta / General phrases

| | |
|---|---|
| Is é mo thuairim/bharúil | *It is my opinion* |
| Ceapaim féin | *I myself think* |
| Creidim | *I believe* |
| Glactar leis (go forleathan) | *It is (widely) accepted* |
| Deirtear / Deir daoine | *It is said / People say* |
| Aontaím / Ní aontaím | *I agree / I disagree* |
| Ní aontaím ar chor ar bith | *I don't agree at all* |
| Níl dabht ar bith ann ná . . . | *There is no doubt that . . .* |
| A mhalairt ar fad atá fíor | *The opposite is true* |
| Is léir | *It is clear* |
| Chun na fírinne a rá | *To tell the truth* |
| De réir cosúlachta | *It looks like/it would appear* |
| Is cosúil | *It looks like* |
| Ní haon ionadh | *It is no wonder* |
| Mar fhocal scoir ar an ábhar ba mhaith liom a rá . . . | *As a final word on the subject I would like to say . . .* |

Bua sa Bhéaltriail

# Caibidil 2
## Mé Féin agus Mo Chlann / Myself and My Family

Sa chaibidil seo foghlaimeoidh tú conas cur síos a dhéanamh ort féin agus ar do chlann.
*In this chapter you will learn how to talk about yourself and your family.*

- **Líon na ndaoine atá i do chlann** – *the number of people in your family*
- **A n-ainmneacha** – *their names*
- **Do dheartháireacha / dheirfiúracha** – *your brothers / sisters*
- **An duine is sine agus is óige sa chlann** – *the eldest and youngest in the family*
- **An sórt duine tú agus na daoine eile sa chlann** – *your personality and that of the other members of your family*
- **Cad atá á dhéanamh ag gach duine?** – *What is everybody doing?*
- **Conas mar a réitíonn tú le gach duine** – *How do you get along with everyone?*

### Ceisteanna Treoraithe / Guided Questions

1. **Cad is ainm duit?** – *What is your name?*
2. **Cén sórt duine tú?** – *What sort of person are you?*
3. **Cé mhéad duine atá i do chlann?** – *How many are in your family?*
4. **An bhfuil deartháir nó deirfiúr agat?** – *Do you have a brother or sister?*
5. **Cad is ainm dóibh?** – *What are their names?*
6. **Cén aois atá ag gach duine?** – *How old are they (siblings only)?*
7. **Cé hé/hí an duine is sine agus is óige sa chlann?** – *Who is the eldest and youngest in the family (siblings only)?*
8. **Cad atá á dhéanamh ag na daoine eile sa chlann? An bhfuil siad ar an mbunscoil / meánscoil / ollscoil / ag obair?** – *What is everyone else in the family doing? Are they in primary school / secondary school / university / working?*
9. **Déan cur síos ar na daoine eile atá sa chlann.** – *Describe the other people in your family.*
10. **An réitíonn tú go maith le gach duine?** – *Do you get along with everyone?*

### Ceisteanna / Questions

1. **Cad is ainm duit?**
   *What is your name?*
   _____ **is ainm dom / an t-ainm atá orm.**
   _____ *is my name.*
   _____ (given name) **is ainm dom,** _____ (surname) **is sloinne dom.**
   _____ (e.g. Máire) *is my name,* _____ (Ní Bhroin) *is my surname.*

2. **Cén sórt duine tú?**
   *What sort of person are you?*
   **Is duine** _____ **mé.**

| | | | |
|---|---|---|---|
| acadúil | academic | ceolmhar | musical |
| cainteach | chatty / talkative | foighneach | patient |
| gealgháireach | cheerful | praiticiúil | practical |
| drámatúil | dramatic | ciúin | quiet |
| cairdiúil | friendly | dáiríre | serious |
| díograiseach | hard-working | cúthaileach | shy |
| | | | |
| mífhoighneach | impatient | sóisialta | sociable |
| cineálta | kind | spórtúil | sporty |
| réchúiseach | laid-back | ceanndána | stubborn |
| leisciúil | lazy | tuisceanach | understanding |
| beomhar | lively | | |

**3. Cé mhéad duine atá i do chlann?** – *How many are in your family?*

Tá _____ i mo chlann, mo thuismitheoirí san áireamh (*my parents included*).

| | | |
|---|---|---|
| beirt (2) | cúigear (5) | ochtar (8) |
| triúr (3) | seisear (6) | naonúr (9) |
| ceathrar (4) | seachtar (7) | deichniúir (10) |

**4. An bhfuil deartháir nó deirfiúr agat?** – *Do you have a brother or sister?*

Níl deartháir ná deirfiúr agam. Is páiste aonair mé. *I don't have a brother or a sister. I am an only child.*

Tá deartháir amháin agam. *I have one brother.*
Tá beirt deartháireacha agam.
Tá triúr / ceathrar / cúigear deartháireacha agam.
Níl aon deartháir agam.

Tá deirfiúr amháin agam. *I have one sister.*
Tá beirt deirfiúracha agam.
Tá triúr / ceathrar / cúigear deirfiúracha agam.
Níl aon deirfiúr agam.

Tá **leasdeartháir** (*stepbrother*) **agam**
Tá **leasdeirfiúr** (*stepsister*) **agam**

Tá **leathdheartháir** (*halfbrother*) **agam**
Tá **leathdheirfiúr** (*halfsister*) **agam**

**5. Cad is ainm dóibh?** *nó* **Cad iad na hainmneacha atá orthu?** – *What are their names?*

_____ is ainm do mo dheartháir / dheirfiúr.
_____ agus _____
is ainm do mo dheartháireacha / dheirfiúracha.

*nó / or*

Tá triúr deartháireacha agam, Pól, Aindriú agus Niall.
Tá beirt deirfiúracha agam, Saoirse agus Megan.

# Bua sa Bhéaltriail

**6. Cén aois atá ag gach duine?** – *How old are they? (siblings only)*
   aon bhliain d'aois (*1 year of age*)
   dhá bhliain d'aois (*2 years of age*)
   trí / ceithre / cúig / sé bliana d'aois (*3 / 4 / 5 / 6 years of age*)
   seacht / ocht / naoi / deich mbliana d'aois (*7 / 8 / 9 / 10 years of age*)

   aon bhliain déag (*11*)
   dhá bhliain déag (*12*)
   trí / ceithre / cúig / sé bliana déag (*13 / 14 / 15 / 16*)
   seacht / ocht / naoi mbliana déag (*17 / 18 / 19*)

   fiche (*20*) / fiche a haon / fiche a dó . . .
   tríocha (*30*) / tríocha a haon / tríocha a dó . . .

**7. Cé hé/hí an duine is sine agus is óige sa chlann?**
   *Who is the eldest and youngest in the family? (siblings only)*

   **Is é X an duine is sine / is óige sa chlann.** *X (a boy) is the eldest / youngest in the family.*
   **Is í X an duine is sine / is óige sa chlann.** *X (a girl) is the eldest / youngest in the family.*

   **Is mise an duine is sine / is óige sa chlann.** *I am the eldest / youngest in the family.*
   **Tagaim féin i lár na clainne** *nó* **Tá mise i lár baill.** *I come in the middle.*

**8. Cad atá á dhéanamh ag na daoine eile sa chlann?** – *What do the rest of the family do?*

   Tá . . . ar an mbunscoil / sa bhunscoil.
   Tá . . . ar an meánscoil / sa mheánscoil / sa scoil seo.
   Ta . . . ar an ollscoil / ar an gcoláiste.
   Tá . . . ag obair.

   | Is_____ é mo dhaid | *My dad is a _____* |
   | Is_____ í mo mham | *My mum is a _____* |
   | Is_____ é mo dheartháir | *My brother is a _____* |
   | Is_____ í mo dheirfiúr | *My sister is a _____* |

   Tá mo dhaid ag obair i . . .        *My dad is working in . . .*
   Oibríonn mo mham i . . .            *My mum works in . . .*
   Is bean tí agus máthair í mo mham   *My mum is a housewife and mother*
   Is fear tí agus athair é mo dhaid   *My dad is a househusband and dad*

   **Faraor** (*unfortunately*) **tá mo mham / dhaid / dheartháir / dheirfiúr dífhostaithe** (*unemployed*) **faoi láthair.**
   **D'imigh mo dheirfiúr ar imirce anuraidh.** *My sister emigrated last year.*
   **Faraor, bhí ar mo dheartháir dul ar imirce chun post a fháil.** *Unfortunately, my brother had to emigrate to get a job.*

## Postanna

| | | | | | |
|---|---|---|---|---|---|
| ailtire | architect | fear gnó / bean ghnó | businessman / woman |
| siúinéir | carpenter | cláraitheoir ríomhaire | computer programmer |
| fiaclóir | dentist | dochtúir | doctor |
| leictreoir | electrician | innealtóir | engineer |
| feirmeoir | farmer | garraíodóir | gardener |
| iriseoir | journalist | dlíodóir | lawyer |
| meicneoir | mechanic | altra | nurse |
| poitigéir | pharmacist | fisiteiripeoir | physiotherapist |
| síceolaí | psychologist | pluiméir | plumber |
| siopadóir | shopkeeper | oibrí sóisialta | social worker |
| socheolaí | sociologist | tiománaí tacsaí / bus | taxi / bus driver |
| múinteoir | teacher | tréidlia | vet |

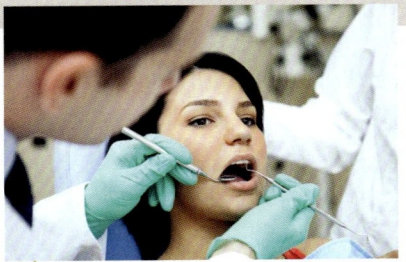

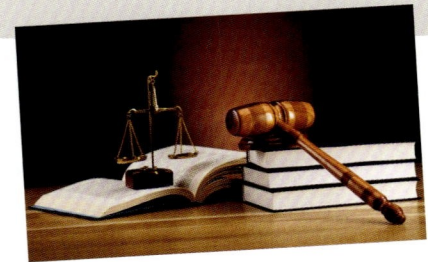

**9. Déan cur síos ar na daoine eile atá sa chlann.**
*Describe the other people in your family.*

Is duine _____ é mo dhaid / dheartháir.
Is duine _____ í mo mham / dheirfiúr.
Is daoine _____ iad gach duine i mo chlann.

(Féach an bosca aidiachtaí ar leathanach 17. *See the box of adjectives on page 17.*)

**10. An réitíonn tú go maith leis na daoine eile i do chlann?**
*Do you get along with the other members of your family?*

**Réitím go maith le mo dheartháireacha agus mo dheirfiúracha de ghnáth / an chuid is mó den am.**
*I get along with my brothers and sisters usually / most of the time.*

**Uaireanta / anois is arís bímid ag argóint faoi rudaí beaga, mar shampla éadaí, cláracha teilifíse nó úsáid an idirlín.**
*Sometimes / now and again we argue about small things, like clothes, television programmes or the use of the internet.*

**Ní réitím le . . . ar chor ar bith! Bímid i gcónaí ag argóint faoi . . .**
*I don't get along with . . . at all! We are always arguing about . . .*

**Ní réitímid le chéile ar chor ar bith. Táimid an-difriúil / éagsúil lena chéile.**
*We don't get along together at all. We are very different.*

# Bua sa Bhéaltriail

## Nathanna breise / Extra phrases

| | |
|---|---|
| **Cuireann mo dheartháir óg isteach go mór orm nuair a . . .** | My little brother annoys me a lot when he . . . |
| **Bíonn mo dheirfiúr i gcónaí do mo chrá.** | My sister is always irritating me. |
| **De réir na dtuismeánna, má chreideann tú iontu, is duine . . . mé.** | According to the horoscopes, if you believe in them, I am a . . . person. |
| **Deirtear go bhfuil mé an-chosúil le mo mhamó.** | People say that I am very like my grandmother. |
| **Réitím go han-mhaith le mo mham / dhaid mar táimid an-chosúil lena chéile.** | I get along really well with my mum / dad because we are very alike. |
| **Réitím go han-mhaith le mo mham – mar a deir an seanfhocal, 'Síleann gach éan gurb í a chlann féin is deise sa choill.'** | I get along very well with my mum – as the proverb says, 'Every duck thinks its young is a swan.' |
| **Mar a deir an seanfhocal, 'Tuigeann Tadhg Taidhgín.'** | As the proverb says, 'People who are very alike understand each other.' |
| **Tá deartháir amháin agam – táimid an-difriúil óna chéile.** | I have one brother – we are very different. |
| **Is maith liom mo dheartháir, Pól. Tá féith an ghrinn go mór ann.** | I like my brother, Paul. He has a great sense of humour. |
| **Seinneann gach duine sa chlann uirlis cheoil. Tá féith an cheoil go láidir sa chlann.** | Everybody in the family plays a musical instrument. We are a very musical family. |
| **Réitím go maith le gach duine sa chlann.** | I get along very well with everybody in my family. |
| **Mar a deir an seanfhocal, 'Níl aon tinteán mar do thinteán féin.'** | As the proverb says, 'There's no place like home.' |
| **Tá an t-ádh orm, tá gaol maith agam le gach duine i mo chlann. Tuigim nach mar seo atá sé i ngach teaghlach / clann.** | I am very lucky, I have a good relationship with everyone in my family. I realise that this is not the case in every household / family. |

## Caibidil 2

### Seanfhocail oiriúnacha / Suitable proverbs

| | |
|---|---|
| **Tuigeann Tadhg Taidhgín.** | *People who are very alike understand each other.* |
| **Ní thiteann an t-úll i bhfad ón gcrann.** | *The apple doesn't fall far from the tree (children are very like their parents).* |
| **Síleann gach éan gurb í a chlann féin is deise sa choill.** | *Every duck thinks its young is a swan (every parent thinks his / her child is perfect).* |
| **Níl aon tinteán mar do thinteán féin.** | *There's no place like home.* |
| **Is tuibhe fuil ná uisce.** | *Blood is thicker than water.* |

### Ceachtanna Foclóra / Vocabulary exercises

**Cuir Gaeilge ar na habairtí seo a leanas:**

1. There are five people in my family, including my parents. _____

2. I get along very well with my older sister as we are very alike, but I am always arguing with my brother. _____

3. According to the horoscopes, if you believe in them, I am a sociable, chatty person. _____

4. My dad is a businessman and my mother is a pre-school teacher *(múinteoir réamhscoile)*. _____

5. My younger brother is in this school. He is in second year. _____

6. My sister is at university. She is studying French and Maths. _____

7. My mother is very artistic and people say that I am very like her. We get along very well. As the proverb says . . . (insert an appropriate proverb). _____

8. I am lucky, I have a very good relationship with everyone in my family. I understand that this is not the case in all families. _____

9. We are a musical family. _____

10. I am always arguing with my parents – we are all stubborn. As the proverb says . . . (insert an appropriate proverb). _____

# Bua sa Bhéaltriail

**Inis dom fút féin.** *Tell me about yourself.*

## Freagra samplach

Bhuel *(well)*, mar is eol duit *(as you know)* Peadar Ó Conaill is ainm dom. Táim ocht mbliana déag d'aois. Rugadh mé ar an séú lá déag *(16th)* Meitheamh naoi déag nócha a sé. Rugadh i mBaile Átha Cliath mé. Is Éireannach é mo dhaid agus is Meiriceánach í mo mham. Tháinig sí go hÉirinn ag obair nuair a bhi sí óg agus thit sí i ngrá leis an tír agus le mo dhaid, dar ndóigh *(of course)*!

Tá seisear i mo chlann, mo thuismitheoirí san áireamh. Tá beirt deirfiúracha agam, Tóraí agus Lilí. Tá deartháir amháin agam, Luán. Tá Tóraí deich mbliana d'aois, tá Lilí cúig bliana déag d'aois agus tá Luán fiche a trí. Is é Luán an duine is sine sa chlann agus is í Tóraí an duine is óige. Tá Tóraí i rang a 4 ar an mbunscoil, tá Lilí sa scoil seo agus tá Luán ag obair. Is innealtóir é. Tá sé ag obair i mBaile Átha Cliath. Is iriseoir í mo mham agus is tiománaí tacsaí é mo dhaid.

Is duine ciúin, díograiseach mé – deir daoine liom go bhfuil mé an-chosúil le mo mhamaí. Mar a deir an seanfhocal, 'Ní thiteann an t-úll i bhfad ón gcrann!' Is duine cainteach, sóisialta é mo dheartháir – táimid an-difriúil óna chéile *(very different from each other)* ach is breá liom é mar tá sé an-ghreannmhar agus tugann sé airgead póca dom anois is arís! Is cailíní deasa iad Tóraí agus Lilí – réitímid go maith le chéile de ghnáth ach bímid ag argóint anois is arís faoi rudaí beaga ar nós *(like)* úsáid an idirlín nó cláracha teilifíse.

Tá an t-ádh liom mar is daoine tuisceanacha, réchúiseacha iad mo thuismitheoirí agus réitím go maith leo. Tuigim nach mar sin atá sé i ngach clann.

### Leid / Hint

Smaoinigh: Ná bí ag fanacht le mioncheisteanna ón scrúdaitheoir an t-am ar fad. Chomh luath is a chuireann sé / sí ceist ort, ar aghaidh leat ag caint!

*Remember: Don't wait for the examiner to ask you detailed questions. Once he/she asks you a question, off you go!*

### Do scéal féin / Your personal answer

Anois, scríobh cuntas ort féin agus ar do chlann agus tabhair do do mhúinteoir é chun é a cheartú.

_____
_____
_____
_____
_____
_____
_____
_____
_____
_____

**Caibidil 2**

### Fócas ar an Scrúdú / Exam Focus

**Cleachtadh a dhéanann máistreacht! Ceartaigh aon bhotúin a rinne tú agus athscríobh do chuntas ar an leathanach cuí ag deireadh an leabhair seo. Cleachtaigh go rialta é.**
*Practice makes perfect! Correct any mistakes you made and rewrite your account on the appropriate page at the end of this book. Practise it regularly.*

Bua sa Bhéaltriail

# Caibidil 3
# Mo Cheantar / My Area

Sa chaibidil seo foghlaimeoidh tú conas cur síos a dhéanamh ar do cheantar.
*In this chapter you will learn how to talk about your area.*

- An áit ina bhfuil tú i do chónaí – *where you live.*
- An sórt áite í – *the kind of place it is*
- Na háiseanna atá sa cheantar – *the facilities in the area*
- Na fadhbanna sóisialta atá ann – *the social problems that are there*
- Na rudaí atá le déanamh do dhaoine óga sa cheantar – *the activities for young people in the area*
- An ceantar ilchultúrtha é? – *Is it a multicultural area?*
- An maith leat an áit? Cén fáth? – *Do you like the area? Why?*

## Ceisteanna Treoraithe / Guided Questions

1. Cá bhfuil tú i do chónaí? – *Where do you live?*
2. Cén sórt áite í? Cá bhfuil sé suite? – *What kind of place is it? / Where is it situated?*
3. Cad iad na háiseanna atá ann? – *What facilities are there?*
4. An bhfuil fadhbanna sóisialta ann? – *Are there any social problems there?*
5. An bhfuil a lán rudaí le déanamh do dhaoine óga? – *Is there much for young people to do?*
6. An maith leat an áit? Cén fáth? – *Do you like the area? Why / why not?*
7. An ceantar ilchultúrtha é? – *Is it a multicultural area?*
8. An bhfuil brí an logainm ar eolas agat? – *Do you know the meaning of the placename / how the place got its name?*
9. An bhfuil aon áit stairiúil nó spéisiúil sa cheantar? – *Is there any historical or interesting place in the area?*

### Ceisteanna / Questions

**1. Cá bhfuil tú i do chónaí?**
*Where do you live?*

Tá mé / Táim i mo chónaí i _____.
nó / *or*
Cónaím i _____.
nó / *or*
Tá cónaí orm i _____.

### Leid / Hint

**Foghlaim ainm do cheantair de ghlanmheabhair.**
*Learn the Irish name of your area off by heart.*

**2. Cén sórt áite í? Cá bhfuil sé suite / lonnaithe?**
*What kind of place is it? Where is it situated?*

| | |
|---|---|
| Is cathair mhór / bheag í. | *It is a large / small city.* |
| Is bruachbhaile de chuid ... é. | *It is a suburb of ...* |
| Is baile mór / beag é. | *It is a big / small town.* |
| Is sráidbhaile é. | *It is a village.* |
| Tá mé i mo chónaí ar fheirm mhór/bheag. | *I live on a large / small farm.* |
| Is áit chiúin, iargúlta í. | *It is a quiet, remote area.* |
| Tá sé suite faoin tuath / ar an gcósta. | *It is situated in the countryside / on the coast.* |
| Táim i mo chónaí in eastát tithíochta. | *I live in a housing estate.* |

**3. Cad iad na háiseanna atá ann?**
*What facilities are there in the area?*

| | |
|---|---|
| Tá rogha mhór áiseanna ann. | *There is a good range of facilities there.* |
| Níl rogha iontach áiseanna ann ach tá ... | *There isn't a wonderful choice of facilities but there is ...* |
| Tá ionad siopadóireachta ann le rogha mhór siopaí, mar shampla ... | *There is a shopping centre with a big choice of shops, for example ...* |
| siopaí éadaí / bróg / ceoil / spórt / físeán | *clothes / shoe / music / sport / video shops* |

| | | | |
|---|---|---|---|
| trá (álainn) | *(lovely) beach* | bialann(a) | *restaurant(s)* |
| séipéal Caitliceach | *Catholic church* | scoil/scoileanna | *school(s)* |
| séipéal Protastúnach | *Protestant church* | ionad siopadóireachta | *shopping centre* |
| pictiúrlann | *cinema* | club sacair | *soccer club* |
| club CLG * | *GAA club* | lárionad sóisialta | *social centre* |
| gruagaire | *hairdresser* | ionad spóirt | *sports centre* |
| | | | |
| ospidéal | *hospital* | sionagóg | *synagogue* |
| leabharlann | *library* | ollmhargadh | *supermarket* |
| mosc | *mosque* | club leadóige | *tennis club* |
| páirc phoiblí | *public park* | amharclann | *theatre* |
| córas taistil phoiblí | *public transport* | club óige | *youth club* |
| teach/tithe tábhairne | *pub(s)* | | |

*CLG – Cumann Lúthchleas Gael

**4. An bhfuil fadhbanna sóisialta ann?**
*Are there any social problems in the area?*

| | |
|---|---|
| Faraor ... | *Unfortunately ...* |
| Tá fadhbanna sóisialta againn freisin. | *We have social problems too.* |
| Ar nós beagnach gach áit eile sa tír tá fadhbanna sóisialta againn. | *Like almost every other place in the country, we have social problems.* |

# Bua sa Bhéaltriail

| | |
|---|---|
| iompar frithshóisialta | anti-social behaviour |
| ragús i measc na n-óg | binge drinking among the young |
| mí-úsáid drugaí | drug-abuse |
| graifítí | graffiti |
| daoine gan dídean | homelessness |
| spraoi-thiomáint | joy-riding |
| bruscar | litter |
| truailliú | pollution |
| gadaíocht | theft / robbery |
| plódú tráchta | traffic congestion |
| ólachán faoi aois | underage drinking |
| loitiméireacht | vandalism |

**5. An bhfuil a lán rudaí le déanamh do dhaoine óga?**
*Is there much for young people to do?*

| | |
|---|---|
| Tá / Níl a lán le déanamh ann. | There is / there is not a lot to do there |
| Tá cuid mhaith le déanamh ann. | There is a good bit to do there. |
| Tá rogha mhór imeachtaí is áiseanna do dhaoine óga sa cheantar, mar shampla . . . | There is a wide range of activities and facilities for young people in the area, for example . . . |

**6. An maith leat an áit? Cén fáth?**
*Do you like the area? Why / why not?*

| | |
|---|---|
| Is maith liom an ceantar mar . . . | |
| Ní maith liom an ceantar mar . . . | |
| Rugadh is tógadh ann mé. | I was born and raised there. |
| Tá mo chlann is mo chairde ann. | My family and friends are there. |
| Is ceantar ciúin, sábháilte é. | It is a quiet, safe area. |
| Níl a lán fadhbanna sóisialta ann. | There are not a lot of social problems there. |
| Tá an radharc tíre go hálainn. | The scenery is beautiful. |
| Tá an nádúr / dúlra timpeall orm ar gach taobh. | I am surrounded by nature on all sides. |
| Tá áiseanna iontacha ann. | There are wonderful facilities there. |
| Níl sé i bhfad ó . . . | It is not far from . . . |
| Tá córas maith taistil ann. | It has a good transport service. |
| Níl aon chairde agam ann. | I have no friends there. |
| Is áit iargúlta, leadránach í. | It is a remote, boring area. |
| Níl aon rud le déanamh ann do dhaoine óga. | There is nothing to do there for young people. |
| Níl na háiseanna go maith ann. | The facilities are not good. |
| Níl áis ar bith ann do dhaoine óga. | There are no facilities there for young people. |
| Níl ann ach foirgnimh ghránna – níl aon radharc tíre deas ann. | There is nothing there but ugly buildings – there is no nice scenery. |
| Bíonn an plódú tráchta go dona, go mór mhór ar maidin. | The traffic congestion is bad, especially in the mornings. |

## 7. An ceantar ilchultúrtha é?
*Is it a multicultural area?*

**Is** ceantar ilchultúrtha é.
**Ní** ceantar ilchultúrtha é.

**Is Éireannaigh iad beagnach gach duine a chónaíonn sa cheantar.**  *Almost everyone living in the area is Irish.*

**Tá roinnt daoine ó thíortha eile ina gcónaí anseo anois / le blianta beaga anuas.**  *There are some people from other countries living here now / for the past few years.*

**Cinnte, is ceantar ilchultúrtha anois é.**  *It surely is a multicultural area now.*
**Tá daoine . . .**  *There are people from . . .*
    ó Shasana / ó Mheiriceá — England / America
    ó na hOileáin Fhilipíneacha — the Philippines
    ón bhFrainc / ón Spáinn / ón Iodáil / ón nGearmáin — France / Spain / Italy / Germany
    ón bPolainn / ón tSín / ón Afraic — Poland / China / Africa
    ó Oirthear na hEorpa . . . — Eastern Europe . . .
**ina gcónaí sa cheantar anois.**  *living in the area now.*

**Níl áthas ar gach duine faoi.**  *Not everybody is happy about it.*

**Cuirtear fáilte roimh na daoine de ghnáth.**  *The people are usually made welcome.*

**Tá ciníochas ag fás sa cheantar.**  *Racism is growing in the area.*

**Is maith liom na cultúir dhifriúla a fheiceáil, agus na teangacha nua a chloisteáil.**  *I like to see the different cultures, and to hear the new languages.*

## 8. An bhfuil brí an logainm ar eolas agat?
*Do you know the meaning of the placename / how the place got its name?*

**Tá. Ciallaíonn sé . . .**
*I do. It means . . .*

| | | | |
|---|---|---|---|
| **áth** | ford (narrow crossing in a river) | **gleann** | glen |
| **baile** | townland | **inis** | island / river meadow |
| **béal** | mouth of a river | **lios** | ring-fort |
| **carraig** | rock | **loch** | lake |
| **caiseal** | stone fort / castle | **mullach** | hill / hilltop |
| **cill** | church | **ráth** | ring-fort |
| **coill** | wood | **sliabh** | mountain |
| **cuan** | cove / bay | **trá** | beach |
| **dún** | stone fort / fortress | | |

## Bua sa Bhéaltriail

**9. An bhfuil aon áit stairiúil nó spéisiúil sa cheantar?**
*Is there any historical or interesting place in the area?*

**Tá. Tá sean-séipéal** (old church) **/ caisleán** (castle) **/ dún** (fort) **/ mainistir** (monastery) **/ clochar** (convent) **/ príosún** (prison) **sa cheantar.**

**Níl. Chomh fada agus is eol dom, níl.**
*No, there is not. / As far as I know, there is not.*

**Tá brón orm ach níl mé cinnte.**
*I'm sorry, but I'm not sure.*

### Nathanna breise / Extra phrases

| | |
|---|---|
| Chun na fírinne a rá . . . | To tell the truth . . . |
| Caithfidh mé a admháil . . . | I have to admit . . . |
| Ní féidir a shéanadh . . . | One cannot deny . . . |
| Tá áiseanna den scoth ann. | The facilities are first class. |
| Tá atmaisféar na háite ar fheabhas. | The atmosphere in the area is excellent. |
| Is léir don dall go bhfuil fadhb na ndrugaí fite fuaite i ngach ceantar sa tír anois. | It is obvious that the drugs problem is in every area of the country now. |
| Bíonn brú uafásach ar na hospidéil ag an deireadh seachtaine de bharr an ólacháin faoi aois. | The hospitals are under great pressure at the weekends because of underage drinking. |
| Ní thuigim a leithéid de dhaoine. | I don't understand that type of person. |
| Níl sé féaráilte ar na daoine eile a chónaíonn sa cheantar. | It is not fair on the other people who live in the area. |
| Cuirtear sceimhle ar sheanóirí. | Old people are terrorised. |
| Ní bhraitheann mná sábháilte ag siúl abhaile ina n-aonar san oíche. | Women do not feel safe walking home alone at night. |
| Tá líon na ndaoine gan dídean ag méadú an t-am ar fad. | The number of homeless people is rising all the time. |
| Níl an Rialtas ag déanamh a dhóthain chun an fhadhb a réiteach. | The Government is not doing enough to solve the problem. |
| Is scannal ceart é! | It is a right scandal! |
| Tá spiorad pobail maith sa cheantar. | There is a good community spirit in the area. |

**Caibidil 3**

## Seanfhocail oiriúnacha / Suitable proverbs

| | |
|---|---|
| Is glas iad na cnoic i bhfad uainn. | *Faraway hills are green.* |
| Ar scáth a chéile a mhaireann na daoine. | *No man is an island (people depend on each other).* |
| Is leor don dreoilín a nead. | *Home is where the heart is (For a little bird a little nest).* |
| Buan fear ina dhúiche féin. | *A man lives long in his native place.* |

## Ceachtanna foclóra / Vocabulary exercises

**Cuir Gaeilge ar na habairtí seo a leanas:**

1. I like my area because my family and friends are there. _____

2. The facilities are good but there are social problems too, for example vandalism and joy-riding. _____

3. Young people drink alcohol in the public park at the weekend. _____

4. The traffic congestion is very bad, especially in the mornings. _____

5. The problem of drugs is in every part of the country now. _____

6. Over the past few years it has become a multicultural area. Some people welcome the people but racism is growing. _____

7. I enjoy seeing the different cultures and hearing the new languages. _____

8. Every area has its problems today but, as the proverb says, 'Faraway hills are green!' _____

9. There is a good community spirit in the area. As the proverb says, 'People depend on each other.' _____

10. I like to travel but I would like to live in Ireland. As the proverb says . . . (insert an appropriate proverb). _____

# Bua sa Bhéaltriail

**Inis dom faoi do cheantar.** – *Tell me about your area.*

## Freagra samplach

Táim i mo chónaí i ........................... Is bruachbhaile de chuid Bhaile Átha Cliath é.

Tá rogha mhaith áiseanna sa cheantar – tá ionad siopadóireachta ann le rogha mhór siopaí, mar shampla, ollmhargadh, siopaí éadaí, gruagaire, siopa ceoil agus siopa caife. Tá pictiúrlann, club leadóige, club óige agus leabharlann ann. Téim go dtí an leabharlann chun staidéar a dhéanamh ar an Satharn, agus téim go dtí an phictiúrlann anois is arís nuair a bhíonn am saor agam.

Faraor, ar nós gach áit eile sa tír inniu, tá roinnt fadhbanna sóisialta ann – bíonn daoine óga ag ól alcóil (ar an drabhlás) sa pháirc ag an deireadh seachtaine, tá fadhb le graifítí agus uaireanta bíonn plódú tráchta ann. Le blianta beaga anuas, tá daoine ó thíortha eile ina gcónaí sa cheantar. Cuireann formhór *(majority)* na ndaoine áitiúla *(local)* fáilte roimh a gcomharsana *(neighbours)* nua ach tá fadhb an chiníochais sa cheantar freisin.

Ar an iomlán *(on the whole)*, áfach *(however)*, is maith liom mo cheantar mar tá mo chlann is mo chairde ann.

### Leid / Hint

**Smaoinigh:** Ná bí ag fanacht le mioncheisteanna ón scrúdaitheoir an t-am ar fad. Chomh luath is a chuireann sé / sí ceist ort – ar aghaidh leat ag caint!

*Remember: Don't wait for the Examiner to ask you detailed questions. Once he/she asks you a question – off you go!*

### Do scéal féin / Your personal answer

Anois, scríobh cuntas ort féin agus ar do cheantar agus tabhair do do mhúinteoir chun é a cheartú.

_____
_____
_____
_____
_____
_____
_____
_____
_____
_____
_____
_____
_____
_____
_____

### Fócas ar an Scrúdú / Exam Focus

**Cleachtadh a dhéanann máistreacht! Ceartaigh aon bhotúin a rinne tú agus athscríobh do chuntas ar an leathanach cuí ag deireadh an leabhair seo. Cleachtaigh go rialta é.**
*Practice makes perfect! Correct any mistakes you made and rewrite your account on the appropriate page at the end of this book. Practise it regularly.*

Bua sa Bhéaltriail

# Caibidil 4
# Mo Scoil agus Saol na Scoile / My School and School Life

Sa chaibidil seo foghlaimeoidh tú conas cur síos a dhéanamh ar do scoil.
*In this chapter you will learn how to talk about your school.*

- **An sórt scoile atá inti** – *the type of school it is*
- **Líon na ndaltaí is na múinteoirí atá inti** – *the number of pupils and teachers in it*
- **Na hábhair atá ar fáil** – *the subjects that are available*
- **Na hábhair atá á ndéanamh agat féin** – *the subjects you are doing*
- **An t-ábhar is fearr leat agus an fáth** – *your favourite subject and the reason*
- **Aon ábhar nach maith leat agus an fáth** – *any subject you do not like and the reason*
- **Na háiseanna** – *the facilities*
- **Rialacha na scoile** – *school rules*
- **Saol na scoile, clubanna, cinnirí, comhairle na nDaltaí** – *School life, clubs, prefects, Student Council*
- **Buntáistí is míbhuntáistí na scoile** – *advantages and disadvantages of the school*
- **An fáth a dtaitníonn nó nach dtaitníonn an scoil leat** – *the reason you like / do not like the school*

## Ceisteanna Treoraithe / Guided Questions

1. **Cad is ainm don scoil?** – *What is the name of your school?*
2. **Cén sórt scoile í?** – *What type of school is it?*
3. **Cé mhéad dalta atá sa scoil?** – *How many students are in the school?*
4. **Cé mhéad múinteoir atá sa scoil?** – *How many teachers are in the school?*
5. **Ainmnigh na hábhair atá ar fáil sa scoil.** – *Name the subjects available in the school.*
6. **Cad iad na hábhair atá á ndéanamh agat féin?** – *What subjects are you doing?*
7. **Cad é an t-ábhar is fearr leat? Cén fáth?** – *What is your favourite subject? Why?*
8. **An bhfuil aon ábhar nach maith leat? Cén fáth?** – *Is there any subject that you do not like? Why?*
9. **Inis dom faoi áiseanna na scoile?** – *Tell me about the facilities in the school.*
10. **An bhfuil aon chlubanna sa scoil?** – *Are there any clubs in the school?*
11. **Cén spóirt a imrítear sa scoil?** – *What sports are played in the school?*
12. **An imríonn tú féin aon spóirt?** – *Do you play any sports yourself?*
13. **An bhfuil éide scoile sa scoil?** – *Is there a school uniform in the school?*
14. **Inis dom faoi rialacha na scoile.** – *Tell me about the school rules.*
15. **An aontaíonn tú leis na rialacha? An bhfuil siad féaráilte?** *Do you agree with the rules? Are they fair?*
16. **An maith leat an scoil? Cén fáth?** – *Do you like the school? Why?*
17. **An bhfuil Comhairle na nDaltaí sa scoil? Inis dom faoi.** – *Is there a Student Council in the school? Tell me about it.*
18. **An bhfuil cinnirí scoile sa scoil? Cén dualgais a bhaineann leis an bpost?** – *Are there prefects in the school? What responsibilities go with the job?*

## Ceisteanna / Questions

1. **Cad is ainm don scoil?** – *What is the name of the school?*

_____ is ainm don scoil seo.

**Caibidil 4**

**2. Cén sórt scoile í?** – *What type of school is it?*

Is _____ í.

| | |
|---|---|
| scoil Bhráithre Críostaí | *Christian Brothers' school* |
| coláiste pobail | *community college* |
| scoil phobail | *community school* |
| scoil chuimsitheach | *comprehensive school* |
| clochar | *convent* |
| scoil mheasctha | *mixed school* |
| scoil ilchreidmheach | *multi-denominational school* |
| meánscoil do bhuachaillí | *secondary school for boys* |
| meánscoil do chailíní | *secondary school for girls* |
| gairmscoil | *vocational school* |

**3. Cé mhéad dalta atá sa scoil?** – *How many students are in the school?*

Tá _____ dalta* sa scoil.
Tá timpeall / thart ar *(approximately)* _____ dalta sa scoil.

*We normally use the singular of the noun with numbers in Irish, i.e. 'dalta' agus 'múinteoir'.

| | | |
|---|---|---|
| deich – 10 | caoga – 50 | nócha – 90 |
| fiche – 20 | seasca – 60 | céad – 100 |
| tríocha – 30 | seachtó – 70 | |
| daichead – 40 | ochtó – 80 | |

dhá / trí / ceithre / cúig / sé chéad
seacht / ocht / naoi gcéad      míle – 1,000

**4. Cé mhéad múinteoir atá sa scoil?** – *How many teachers are in the school?*

Tá _____ múinteoir ag múineadh sa scoil.
Tá timpeall / thart ar _____ múinteoir sa scoil.

**5. Ainmnigh na hábhair atá ar fáil sa scoil.** – *Name the subjects available in the school.*

Múintear _____ sa scoil.
Tá rogha mhaith ábhar *(a good choice of subjects)* **ar fáil** *(available)* **sa scoil,**
**mar shampla . . .**
Tá rogha mhaith ábhar sa scoil idir ábhair phraiticiúla agus ábhair acadúla *(between practical and academic subjects)*, **mar shampla . . .**

**Cuirtear an Ardteist thraidisiúnta, Clár Gairme na hArdteistiméireachta agus an Ardteist Fheidhmeach ar fáil do dhaltaí.**
*The traditional Leaving Cert, the Leaving Cert Vocational Programme and the Leaving Cert Applied are all available to students.*

# Bua sa Bhéaltriail

| | | | |
|---|---|---|---|
| **Béarla** | *English* | **Matamaitic** | *Maths* |
| **Gaeilge** | *Irish* | **Matamatic Fheidhmeach** | *Applied Maths* |
| **Fraincis** | *French* | **Bitheolaíocht** | *Biology* |
| **Gearmáinis** | *German* | **Ceimic** | *Chemistry* |
| **Iodáilis** | *Italian* | **Fisic** | *Physics* |
| **Laidin** | *Latin* | **Ealaín** | *Art* |
| **Reiligiún** | *Religion* | **Ceol** | *Music* |
| **Gnó** | *Business* | **Stair** | *History* |
| **Foirgníocht** | *Construction studies* | **Tíreolas/Tíreolaíocht** | *Geography* |
| **Corpoideachas** | *Physical Education* | **Eacnamaíocht Bhaile / Tíos** | *Home Economics* |

**Grafaic Dheartha agus Chumarsáide**   *Design and Communication Graphics*

**6. Cad iad na hábhair atá á ndéanamh agatsa?** – *What subjects are you doing?*

Tá mé / Táim ag déanamh _____ .
*I am doing _____ .*

Bhuel *(well)*, dar ndóigh *(of course)*, tá na hábhair éigeantacha *(compulsory)* á ndéanamh agam, Béarla, Gaeilge agus Mata agus ansin roghnaigh mé _____ .

**7. Cad é an t-ábhar is fearr leat? Cén fáth?** – *What is your favourite subject? Why?*

Is aoibhinn liom *(I love)* _____ mar . . .
Is fearr liom *(I prefer)* _____ ná aon ábhar eile mar . . .
Is é / í _____ an t-ábhar is fearr liom mar . . .

**Tá sé suimiúil** *(interesting)* / **éasca** *(easy)* / **dúshlánach** *(challenging)* / **praiticiúil** *(practical)*.
**Tá an múinteoir go maith** / **is maith liom an múinteoir** / **tá an múinteoir greannmhar** *(funny)* / **cairdiúil** *(friendly)* / **tuisceanach** *(understanding)* / **cabhrach** *(helpful)*.
**Tá múinteoir den scoth** *(excellent)* **agam.**
**Tá mé go maith chuig an ábhar sin**. *I am good at that subject.*
**Is ábhar praiticiúil é agus is maith liom a bheith ag obair le mo lámha.**
*It is a practical subject and I like to work with my hands.*
**Is ábhar áisiúil é agus bainfidh mé úsáid as sa todhchaí.**
*It is a useful subject and I will use it in the future.*

**Is scil saoil é.** *It is a life skill.*

**8. An bhfuil aon ábhar nach maith leat? Cén fáth?**
*Is there any subject that you do not like? Why not?*

Ní maith liom _____ mar . . .
Is fuath liom *(I hate)* _____ mar . . .
**Tá sé leadránach** *(boring)* / **deacair** *(difficult)* / **dúshlánach** *(challenging)*.
**Tá an cúrsa an-leathan / an fhada, agus bíonn a lán stáidéir le déanamh agam.**
*The course is very broad / long, and there is a lot to study.*
**Faighimid a lán obair bhaile san ábhar.**
*We get a lot of homework in the subject.*

**Níl sé áisiúil ar aon bhealach.** *It is not useful in any way.*
**Is cur amú ama é i mo thuairim.** *It is a waste of time in my opinion.*
**Níl mé go maith chuig an ábhar sin.** *I am not good at that subject.*
**Ní maith liom an múinteoir.**
**Tá an múinteoir an-dáiríre** (*very serious*) / **ró-dhian** (*too strict*) / **cancrach** (*cranky*).

9. **Inis dom faoi áiseanna na scoile.** – *Tell me about the facilities in the school.*

   **Tá rogha mhaith áiseanna sa scoil.** *There is a wide range of facilities in the school.*
   **Tá na háiseanna go maith / go dona / ceart go leor** (*alright*) **sa scoil.**
   **Tá áiseanna den scoth againn sa scoil.**
   **Faraor, níl áiseanna iontacha againn de bharr easpa airgid** (*because of lack of finance*) **ach, ar a laghad** (*at least*), **tá** _____ **againn.**

   **seomra(í) ealaíne / ceoil / ríomhaireachta / tís / adhmadóireachta / miotalóireachta**
   **saotharlann(a) eolaíochta** (*science lab(s)*)

   **leabharlann / amharclann** (*theatre*) **/ bialann / ceaintín / siopa milseán / siopa sólas** (*tuckshop*)

   **páirc / páirc(eanna) imeartha** (*playing field(s)*)
   **cúirt(eanna) cispheile / leadóige** (*basketball / tennis court(s)*)
   **halla spóirt,** (*sports hall*)
   **linn snámha** (*swimming pool*)

   **Tá ríomhaire agus an t-idirlíon** (*the internet*) **le banda leathan** (*broadband*) **ar fáil i ngach seomra ranga agus tá sé ar fáil do na daltaí sa seomra ríomhaireachta agus sa leabharlann.**

10. **An bhfuil aon chlubanna sa scoil?** – *Are there any clubs in the school?*

    **Tá/Níl.**
    **Tá, cinnte. Tá rogha mhaith clubanna againn – club drámaíochta / scannánaíochta** (*film*) **/ club fichille** (*chess*) **/ club díospóireachta** (*debating*) **/ club snámha / club Amnesty / cearta daonna** (*Amnesty / human rights*).

    **Is ball den chlub** _____ **mise.**
    *I am a member of the* _____ *club.*
    **Níl mé i mo bhall d'aon chlub.** *I am not a member of any club.*

11. **Cé na spóirt / Cad iad na spóirt a imrítear sa scoil?**
    *What sports are played in the school?*

    **Imrítear peil Ghaelach / iománaíocht / rugbaí / sacar / cispheil / haca / leadóg . . . sa scoil.**
    **Téimid ag snámh.** *We go swimming.*

12. **An imríonn tú féin aon chluichí spóirt?** – *Do you play any sports yourself?*

    **Imrím** _____
    **Tá mé ar an bhfoireann shinsearach** (*senior team*).

Ní imrím. Ní duine spórtúil mé.
Ní imrím. Is fuath liom spóirt.

Is **cúlaí** (*back*) / **tosaí** (*forward*) / **cosantóir** (*defender*) / **tosaí láir** (*striker*) / **cúlbáire** (*goalie*) / **cliathánaí** (*winger*) / **húicéar** (*hooker*) / **frapa** (*prop*) / **cúltosaí** (*flanker*) / **leathchúlaí** (*scrum half*) / **leathchúlaí amuigh** (*fly half*) **mé.**
**Imrím i lár na páirce.** *I play centre field.*
**Caithim uimhir a** _____ . *I wear number* _____.

**13. An bhfuil éide scoile sa scoil? Déan cur síos air.**
*Is there a school uniform in the school? Describe it.*

Tá. Tá _____ againn.
Níl éide scoile againn. Caithimid ár n-éadaí féin / ár gcuid éadaí féin.

| | | | | | | | |
|---|---|---|---|---|---|---|---|
| **geansaí** | *jumper* | **seaicéad** | *jacket* | **suaitheantas** | *crest* | **léine** | *shirt* |
| **blús** | *blouse* | **carbhat** | *tie* | **sciorta** | *skirt* | **bríste** | *trousers* |
| **stocaí** | *socks* | **éide spóirt** | *sports gear* | | | | |

**14. Inis dom faoi rialacha na scoile.**
*Tell me about the school rules.*

**Ar ndóigh, tá cosc ar** . . .
*Of course, . . . is not allowed.*

**alcól agus drugaí eile / ghuma coganta** (*chewing gum*) **/ bhulaíocht** (*bullying*) **/ eascainí** (*swearing / bad language*) **/ ghraifítí / fhóin phóca sa seomra ranga.**

**Ní cheadaítear / Níl cead** (*it is not allowed*) **drochmheas a léiriú** (*to show disrespect*) **do mhúinteoirí nó do dhaltaí eile.**

**Caithfidh daltaí / Is gá** (*students must*) . . .
  **a bheith in am don scoil / an éide scoile a chaitheamh** (*to wear the school uniform*) **/ aire a thabhairt** (*pay attention*) **sa rang / oibriú go dian** (*work hard*) **/ obair bhaile a dhéanamh / meas a léiriú ar gach duine** (*show respect towards everyone*).

**15. An aontaíonn tú leis na rialacha? An bhfuil siad féaráilte / cothrom** (*fair*)**?**
*Do you agree with the rules? Are they fair?*

**Aontaím. Tá siad féaráilte agus oibríonn siad ar son** (*in the interests of*) **gach duine sa scoil.**

**Aontaím le roinnt** (*some*) **de na rialacha ach ní aontaím le gach ceann, mar shampla** . . .
**Sílim go bhfuil an riail sin seafóideach** (*silly*).

**Ní gá cosc iomlán a chur ar** . . .
*There is no need to totally prohibit* . . .

## 16. An maith leat an scoil? Cén fáth? – *Do you like the school? Why?*

Is maith liom mar . . .
Is maith liom na múinteoirí / **tá gaol maith** (*good relationship*) **idir na daltaí agus na múinteoirí** / **tá múinteoirí den scoth againn** / **oibríonn na múinteoirí go han-dian ar ár son** (*the teachers work very hard on our behalf*).

Tá atmaisféar maith / rogha mhór ábhar / rogha mhór spórt / áiseanna maithe / sa scoil.
Fuair mé **ard-chaighdeán oideachais** (*a high standard of education*) / **oideachas den scoth** / **oideachas iomlánaíoch** (*an holistic education*).

Tá a lán cairde agam anseo.
**Braithfidh mé uaim** (*I will miss*) **an scoil nuair a fhágfaidh mé í** (*when I leave*).

Ní maith liom an scoil mar . . .
Tá na múinteoirí **ró-dhian** (*too strict*) / **ró-údarásaíoch** (*too authoritarian*).

Tá an obair **leadránach** (*boring*) / **ró-acadúil** (*too academic*) / **deacair** (*difficult*) / **níl na rialacha féaráilte**

**B'fhearr liom a bheith ag obair.** *I would prefer to be working.*

Níl na háiseanna go maith sa scoil.
**Tá an foirgneamh sean agus ag titim as a chéile.** *The building is old and falling apart.*

## 17. An bhfuil Comhairle na nDaltaí sa scoil? Inis dom faoi.
*Is there a Student Council in the school? Tell me about it.*

Tá. Tá **ionadaí** (*representative*) ó gach bliain ar an gcomhairle. Bíonn **toghchán** (*election*) gach bliain. Tagann an Chomhairle le chéile **uair sa mhí** (*once a month*). Pléann siad **cúrsaí na scoile** (*school matters*) agus **ábhar imní na ndaltaí** (*things that concern students*). **Téann siad i dteagmháil le bainistíocht na scoile go rialta** (*they are in regular contact with the school management*).

**Is ball mé / Ní ball mé** (*I am / am not a member of*) **den Chomhairle i mbliana** (*this year*).
Ní raibh mé **riamh** (*ever*) i mo bhall den Chomhairle.

## 18. An bhfuil cinnirí scoile sa scoil? Cén dualgais a bhaineann leis an bpost?
*Are there prefects in the school? What responsibilities go with the job?*

Is / Ní cinnire scoile mé.
Tugann na cinnirí **cabhair** (*help*) do dhaltaí níos óige, **go mórmhór** (*especially*) na daltaí sa chéad bhliain.
Cabhraíonn na cinnirí le **bainistíocht na scoile** (*school management*).
Coimeádann na cinnirí súil amach do bhulaíocht i measc na ndaltaí.
Tugann na cinnirí **dea-shampla** (*good example*) do na daltaí eile sa scoil.
Is **eiseamláirí** (*role models*) iad na cinnirí do dhaltaí eile sa scoil – nó sin an **smaoineamh** (*idea*) **atá taobh thiar de** (*behind it*) ar aon nós!

# Bua sa Bhéaltriail

## Nathanna breise / Extra vocabulary

| | |
|---|---|
| Deir daoine gurb iad ár laethanta scoile na laethanta is fearr in ár saoil! | People say that our school days are the best days in our lives! |
| Níl mé cinnte faoi sin! | I'm not sure about that! |
| Aontaím go hiomlán leo! | I agree entirely with them! |
| Tá súil agam nach fíor é! | I hope it's not true! |
| Oireann an réimse ábhar dom. | The range of subjects suits me. |
| Tá an-smacht ag an múinteoir ar an rang; ní bhíonn aon phleidhcíocht! | The teacher has great control in the classroom; there is no messing! |
| Bíonn an iomarca pleidhcíochta sa rang. | There is too much messing in the class. |
| Cuireann córas na bpointí an-bhrú / strus ar na daltaí | The points system puts enormous pressure / stress on the students. |
| Cuirtear an iomarca béime ar phointí agus ar ábhair acadúla. | There is too much emphasis on points and academic subjects. |
| Tugtar Cothrom na Féinne do gach dalta. | Students are treated fairly. |
| Tugtar cluas do na daltaí sa scoil. | Students are listened to in school. |
| Léirítear meas ar thuairimí na ndaltaí. | Students' opinions are treated with respect. |
| Is onóir mhór dom a bheith i mo chinnire. | It is a great honour to be a prefect. |
| Bhí suim agam i gcónaí i gcúrsaí polaitíochta – mar sin is aoibhinn liom a bheith mar bhall de Chomhairle na nDaltaí. Sílim gur post tábhachtach é. | I have always been interested in politics – so I love being on the Student Council. I think it is a very important job. |

## Seanfhocail oiriúnacha / Suitable proverbs

| | |
|---|---|
| Mol an óige agus tiocfaidh sí. | Praise young people and they will meet your expectations. |
| Caitheann síor-shileadh an chloch. | Continuous weather wears the rock down (i.e. persistence pays off!). |
| Ní ualach trom an t-oideachas ach is ualach trom an t-aineolas. | Education is no burden but ignorance is a heavy one! |
| Is trom an t-ualach an leisce. | Laziness is a heavy burden. |
| Ní féidir ceann críonna a chur ar cholainn óg. | You cannot put an old head on young shoulders. |
| Loghann leisce lámh. | Laziness wastes skill. |

**Caibidil 4**

## Ceachtanna Foclóra / Vocabulary exercises

**Cuir Gaeilge ar na habairtí seo a leanas:**

1. My favourite subject is _____ because it is interesting and I am good at it.
   _____
   _____ .

2. The points system puts a lot of pressure on students but I am working very hard. As the proverb says, 'Persistence pays off.' _____
   _____
   _____ .

3. I do not like _____ because it is difficult and boring. _____
   _____
   _____ .

4. I love _____ because it is practical and useful, and I like to work with my hands. _____
   _____
   _____ .

5. There is a lovely atmosphere in the school, the teachers are fair and the students are listened to.
   _____
   _____ .

6. In my opinion, I got an excellent, holistic education in the school and I will miss it when I leave. _____
   _____
   _____ .

7. Prefects give a good example to other students, support the school management and keep an eye out for bullying. _____
   _____
   _____ .

8. The work of the Student Council is very important, in my opinion. _____
   _____
   _____ .

9. I agree with most of the rules but some are silly: for example I think that students should be able to use their mobile phones in class to go on the internet. _____
   _____
   _____ .

10. In my opinion, some students do not work hard enough *(dian go leor)*. As the proverb says . . . (insert an appropriate proverb). _____
    _____
    _____ .

11. It is said that your school days are the best days of your life! I agree / I do not agree!
    _____
    _____ .

## Bua sa Bhéaltriail

**Inis dom faoi do scoilse.** – *Tell me about your school.*

Traic 3

### Freagra samplach

Scoil _____ is ainm don scoil seo. Is scoil chuimsitheach í. Tá timpeall ocht gcéad dalta agus thart ar ochtó múinteoir sa scoil. Tá rogha mhaith áiseanna againn, mar shampla dhá sheomra ríomhaireachta, trí shaotharlann eolaíochta, seomra tís, seomra ealaíne, seomra ceoil agus leabharlann mhór.

Is duine spórtúil mé agus tá áiseanna maithe spóirt sa scoil. Tá halla spóirt agus linn snámha, páirc peile agus cúirt chispeile faoi dhíon *(indoors)*. Tá cuid mhaith clubanna againn freisin.

Tá rogha mhaith ábhar sa scoil freisin, idir ábhair acadúla agus ábhair phraiticiúla. Tá rogha idir Fraincis, Gearmáinis is Iodáilis don Ardteist agus is féidir Sínis *(Chinese)* agus Seapáinis *(Japanese)* a dhéanamh san Idirbhliain. Tá na trí hábhar eolaíochta ar fáil agus rogha mhaith ábhar eile. Tá clár na hIdirbhliana an-mhaith sa scoil agus bhain mé an-taitneamh as *(I really enjoyed it)* nuair a bhí mé san sa cheathrú bliain.

Sílim go bhfuil na rialacha féaráilte agus go dtugtar cluas do thuairimí na ndaltaí sa scoil. 'Sé mo thuairim go bhfuair mé oideachas den scoth anseo agus, ar ndóigh, tá a lán cairde agam anseo anois tar éis sé bliana. Braithfidh mé uaim an scoil nuair a fhágfaidh mé í.

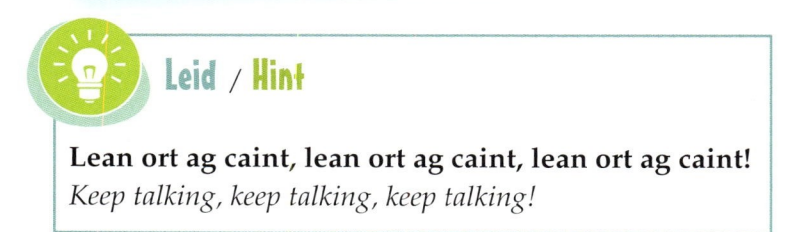

### Leid / Hint

**Lean ort ag caint, lean ort ag caint, lean ort ag caint!**
*Keep talking, keep talking, keep talking!*

### Do scéal féin / Your personal answer

Anois, scríobh cuntas ar do scoil féin agus tabhair do do mhúinteoir é chun é a cheartú.

### Fócas ar an Scrúdú / Exam Focus

**Cleachtadh a dhéanann máistreacht! Ceartaigh aon bhotúin a rinne tú agus athscríobh do chuntas ar an leathanach cuí ag deireadh an leabhair seo. Cleachtaigh go rialta é.**

*Practice makes perfect! Correct any mistakes you made and rewrite your account on the appropriate page at the end of this book. Practise it regularly.*

Bua sa Bhéaltriail

# Caibidil 5
## Mo Chaitheamh Aimsire:
### Spórt, Scannáin, An Teilifís, An Léitheoireacht / My Hobbies: Sport, Films, Television, Reading

Sa chaibidil seo foghlaimeoidh tú conas cur síos a dhéanamh ar na caitheamh aimsire a leanas:
*In this chapter you will learn how to talk about your hobbies:*

- **Cluichí spóirt** – *sports*
- **Scannáin** – *films*
- **An teilifís** – *television*
- **An léitheoireacht** – *reading*

## 1 Spórt Ceisteanna Treoraithe / Guided Questions

1. **An imríonn tú cluichí spóirt? Cad é an cluiche spóirt a imríonn tú?** – *Do you play sports? What sport do you play?*
2. **Cén fáth a dtaitníonn sé leat?** – *Why do you enjoy it?*
3. **Cé leis a n-imríonn tú?** – *With whom do you play?*
4. **Cén áit ar an bpáirc a n-imríonn tú?** – *What position do you play?*
5. **Cathain a théann tú ag traenáil?** – *When do you go training?*
6. **Cathain a imríonn tú?** – *When do you play?*
7. **Céard í an fhoireann (nó cé hé / hí an t-imreoir) is fearr leat?** – *What is your favourite team (player)?*
8. **Cén trealamh spóirt atá agat?** – *What sports equipment do you have?*
9. **Ar imir tú i gcomórtas riamh?** – *Did you ever play in a competition?*
10. **Ar bhuaigh tú aon rud?** – *Did you win anything?*

### Ceisteanna / Questions

1. **An imríonn tú cluichí spóirt? Cad é an cluiche spóirt a imríonn tú?**
   *Do you play sports? What sport do you play?*

   (a) Is maith liom _____ a imirt. / Imrím _____ .
   *I like to play _____ . / I play _____ .*

| | | | |
|---|---|---|---|
| **badmantan** | badminton | **haca** | hockey |
| **cispheil** | basketball | **iománaíocht** | hurling |
| **dornálaíocht** | boxing | **rugbaí** | rugby |
| **camógaíocht** | camogie | **sacar** | soccer |
| **cluichí ríomhaire** | computer games | **leadóg** | tennis |
| **peil Ghaelach** | Gaelic football | **eitpheil** | volleyball |
| **galf** | golf | | |

(b) Is maith liom dul _____ . I like to go _____ .

| ag canúáil / | canoeing | ag clárscátáil | skateboarding |
| ag curachóireacht | | ag sciáil | skiing |
| ag rothaíocht | cycling | ag surfáil / | surfing |
| ag fánaíocht | hiking | ag tonnmharcaíocht | |
| ag marcaíocht capall | horse-riding | ag snámh | swimming |
| ag cadhcáil | kayaking | ag gaothshurfáil / | windsurfing |
| ag treodóireacht | orienteering | ag clársheoltóireacht | |
| ag rith | running | ag uisce-sciáil | waterskiing |
| ag seoltóireacht | sailing | | |

2. **Cén fáth a dtaitníonn an caitheamh aimsire sin leat?** – *Why do you enjoy that hobby?*

Is maith liom é / *I like it*
Is breá liom é / *I love it*
Taitníonn sé liom / *I enjoy it*

mar . . .
    tá sé corraitheach      *it is exciting*
    tá sé dúshlánach      *it is challenging*
    tá sé suimiúil      *it is interesting*
    is spórt suaimhneach é      *it is a relaxing sport*
    is spórt sciliúil, tapaidh é      *it is a skilful, fast sport*
    coimeádann sé aclaí / sláintiúil mé      *it keeps me fit / healthy*
    tugann sé sos dom ó bhrú na scoile      *it gives me a break from the pressure of school*
    tugann sé sos dom ó strus an tsaoil      *it gives me a break from the stress of life*
    tugann sé deis dom mo scíth a ligean      *it gives me an opportunity to relax*
    is maith an bealach é chun cairde nua a dhéanamh      *it is a good way to make new friends*

3. **Cé leis a n-imríonn tú / a mbíonn tú ag imirt?** – *With whom do you play?*

Imrím / *I play* . . .
    ar fhoireann (shinsearach) na scoile / *on the school (senior) team*
    le club áitiúil / *with a local club*

Is ball den chlub áitiúil mé. / *I am a member of the local club.*

4. **Cén áit ar an bpáirc a n-imríonn tú?** – *What position do you play? Where on the pitch do you play?*

Is _____ mé. / *I am a* _____ .

| cúl báire | goalkeeper | imreoir lár páirce | midfielder |
| cosantóir | defender | tosaí / ionsaitheoir | forward / attacker |
| cliathánaí | winger | scuabadóir | sweeper |
| frapa | prop | húcálaí | hooker |

# Bua sa Bhéaltriail

| nascaire / imreoir dara líne | second row | cúltosaí cliatháin | flanker |
| leathchúlaí clibirte | scrum-half | leathchúlaí amuigh | fly-half |
| lánchúlaí | fullback | cliathán clé / deas | left wing / right wing |

**trícheathrúnach istigh / amuigh** — *inside centre / outside centre*
**uimhir a hocht / Imrím ag uimhir a 8** — *number 8 / I play at number 8*

**5. Cathain a théann tú ag traenáil?** – *When do you go training?*

Téim ag traenáil gach _____ / tar éis scoile / roimh scoil / sula dtéim ar scoil.
*I go training every _____ / after school / before school / before I go to school.*

**6. Cathain a imríonn tú / sibh?** – *When do you play?*

Imrímid cluichí gach _____. *We play matches every _____.*

**7. Céard í an fhoireann is fearr leat? Cé hé nó cé hí an t-imreoir is fearr leat?**
*What is your favourite team? Who is your favourite player?*

Is aoibhinn liom _____. *I love _____.*
Is é / í _____ an t-imreoir is fearr liom mar …
*My favourite player is _____ because …*

| | |
|---|---|
| is imreoir den scoth é/í | he/she is an excellent player |
| is imreoir corraitheach é/í | he/she is an exciting player |
| tá sé/sí an-chumasach | he/she is very talented / able |
| is ceannaire ar an bpáirc é/í | he/she is a leader on the pitch |
| is duine deas é/í | he/she is a nice person |
| tugann sé/sí spreagadh d'imreoirí óga | he/she encourages young players |

**8. Cén trealamh spóirt atá agat?** – *What sports equipment do you have?*

Tá _____ agam. *I have a _____.*

| | | | |
|---|---|---|---|
| rothar | bicycle | bata haca | hockey stick |
| bád | boat | camán | hurley |
| canú/curachán | canoe | sliotar | hurling ball |
| cadhc | kayak | raicéad leadóige | tennis racquet |
| peil | football | liathróid rugbaí | rugby ball |
| bróga peile | football boots | clár scátála | skateboard |
| maidí gailf | golf clubs | tonnchlár | surfboard |
| bróga gailf | golf shoes | | |

**9. Ar imir tú i gcomórtas riamh?** – *Did you ever play in a competition?*
D'imir / Níor imir.
*I played / I didn't play.*

## Caibidil 5

**D'imir mé …**

| | |
|---|---|
| i gcomórtas scoile | in a school competition |
| i gcomórtas idir-scoileanna | in an inter-schools competition |
| i gcomórtas náisiúnta | in a national competition |
| i gcomórtas idirnáisiúnta | in an international competition |
| sa Chraobhchomórtas | in the Championship |
| sa chluiche leathcheannais | in the semifinal |
| sa chluiche ceannais | in the final |

**10. Ar bhuaigh tú aon rud?** – *Did you win anything?*

Bhuaigh mé / Bhuamar _____ . *I won. We won* _____ .

**bonn** *a medal*     **corn** *a trophy*     **duais airgid** *prize money*

### Nathanna breise / Extra phrases

| | |
|---|---|
| Tá mé an-tugtha don spórt. | I really like sport. |
| Cothaíonn spórt scileanna comhoibrithe agus ceannaireachta i ndaoine óga. | Sport develops skills of co-operation and leadership in young people. |
| Ba chóir níos mó béime a chur ar spórt agus ar chorpoideachas ar scoil. | More emphasis should be put on sport and PE in school. |
| Tá easpa áiseanna spóirt agus corpoideachais i gcuid mhór dár scoileanna. | There is a lack of sports and PE facilities in a lot of our schools. |
| Tá ráta na hotrachta ag fás i gcónaí i measc na n-óg in Éirinn. | The rate of obesity continues to grow among young people in Ireland. |
| Infheistíocht mhaith a bheadh ann dá gcaithfí na billiúin euro ar áiseanna spóirt ar nós linnte snámha agus hallaí ar fud na tíre ina bhféadfaí gach sórt spóirt a imirt. | It would be a good investment if billions of euro were spent on sports facilities like swimming pools and halls all over the country in which every sort of sport could be played. |
| Faraor, tá fadhb mhór i gcuid mhór spórt maidir le drugaí. | Unfortunately, there is a big problem with drugs in a lot of sports. |
| Is féidir dea-thionchar nó droch-thionchar a bheith ag pearsana spóirt. | Sports personalities can have a good influence or a bad influence. |
| Is féidir airgead ollmhór a dhéanamh as spóirt phroifisiúnta na laethanta seo. | One can make huge money out of professional sports these days. |

# Bua sa Bhéaltriail

| | |
|---|---|
| Tá ról tábhachtach ag spóirt amaitéaracha fós timpeall na tíre. | Amateur sports still play an important role all over the country. |
| Tá traidisiún láidir spóirt againn sa tír seo, agus tá clú agus cáil ar ár spóirt dhúchais ar fud an domhain. | We have a strong sporting tradition in this country, and our native sports are famous all over the world. |
| Tá gaisce déanta ag an gCumann Lúthchleas Gael maidir le caomhnú agus dul chun cinn ár gcluichí dúchais. | The GAA has done a great job in conserving and developing our native games. |
| Tá clú agus cáil ar lucht tacaíochta fhoireann sacair na hÉireann ar fud an domhain as a ndea-ghiúmar agus a gcairdeas. | Irish soccer supporters are famous all over the world for their good humour and friendliness. |
| Is féidir le spórt daoine a tharraingt le chéile – tá imreoirí ó thuaisceart agus ó dheisceart na hÉireann ar fhoireann rugbaí na tíre. | Sport can bring people together – players from the north and south of Ireland play together on the Irish rugby team. |

## Seanfhocail oiriúnacha / Suitable proverbs

| | |
|---|---|
| Is fearr an tsláinte ná na táinte. | Health is better than wealth. |
| Is fearr an tsláinte mhór ná na mílte bó. | Health is better than wealth (literally: better great health than many cattle!). |

## Ceachtanna Foclóra / Vocabulary exercises

**Cuir Gaeilge ar na habairtí seo a leanas:**

1. My favourite sport is _____ .
2. I hate sport. I am not a sporty person at all. _____ .
3. My favourite sports player is _____ because he/she is . . . _____ .
4. Sport keeps me fit and healthy and, as the proverb says (insert an appropriate proverb). _____ .
5. Sports facilities in schools around the country are not good enough. _____ .

6. There should be more emphasis on PE and sports in school because the rate of obesity among children is growing all the time. _____
_____
_____.

7. Sport develops skills of co-operation and leadership in young people. _____
_____
_____.

8. Sports personalities can have a good or a bad influence. _____

9. Unfortunately, there is still a big problem with drugs in many sports. _____
_____

10. I am a member of my local GAA club. The GAA has done a great job of conserving and promoting our national games. _____
_____
_____.

**Inis dom faoi do chaitheamh aimsire.** – *Tell me about your hobbies.*

## Freagra samplach

Traic 4

Bhuel, dar ndóigh *(of course)*, ní bhíonn mórán ama le spáráil agam *(I don't have much time to spare)* i mbliana *(this year)*. Táim an-ghnóthach *(very busy)* ag staidéar don Ardteist, ach tuigim go bhfuil sé an-tábhachtach sos a thógáil *(to take a break)* ón obair freisin. Mar sin, nuair a bhíonn an t-am agam, imrím spóirt éigin *(some sport)*.

Is aoibhinn liom gach sórt spóirt – leadóg, iománaíocht agus snámh ach is í peil an spórt is fearr liom. Thosaigh mé ag imirt nuair a bhí mé cúig bliana d'aois le club áitiúil agus táim ag imirt ó shin i leith *(since then)*. Bhí mé ar fhoireann shóisearach na scoile *(school's junior team)* ón gcéad bhliain agus anois imrím ar an bhfoireann shinsearach. Is cosantóir mé agus déanaim iarracht *(I try)* stop a chur leis an bhfoireann eile nuair a bhíonn siad ag iarraidh cúl a scóráil. Is maith liom an cluiche mar tá sé sciliúil *(skilful)* agus tapaidh *(fast)* agus coimeádann sé sláintiúil mé. Mar a deir an seanfhocal, 'Is fearr an tsláinte ná na táinte.'

Is rud sóisialta é freisin agus tá a lán cairde maithe agam i mo chlub áitiúil agus ar na foirne *(teams)* anseo sa scoil.

Is mór an trua go bhfuil fadhb na ndrugaí agus airgead mór ag déanamh dochair *(harm)* don spórt le blianta beaga anuas. Mar sin féin *(even so)*, ceapaim go ndéanann spóirt maitheas do dhaoine go mórmhór *(especially)* spóirt amaitéaracha.

# Bua sa Bhéaltriail

> ### Leid / Hint
>
> **Ná déan dearmad ábhair atá cleachtaithe agat a tharraingt isteach sa chomhrá!**
> *Don't forget that you have some control over the conversation. Try to bring into the conversation a subject you have learned about.*

## Do scéal féin / Your personal answer

Scríobh cuntas ar an gcluiche spóirt is fearr leat agus tabhair do do mhúinteoir é chun é a cheartú.
*Write about your favourite sport and give it to your teacher to correct.*

_____
_____
_____
_____
_____
_____
_____
_____
_____
_____
_____
_____
_____
_____
_____
_____
_____
_____
_____
_____
_____
_____
_____
_____

### Fócas ar an Scrúdú / Exam Focus

**Cleachtadh a dhéanann máistreacht! Ceartaigh aon bhotúin a rinne tú agus athscríobh do chuntas ar an leathanach cuí ag deireadh an leabhair seo. Cleachtaigh go rialta é.**

*Practice makes perfect. Correct any mistakes you made and rewrite your account on the appropriate page at the end of this book. Practise it regularly.*

# Bua sa Bhéaltriail

## 2 An Teilifís Ceisteanna Treoraithe / Guided Questions

1. **An maith leat a bheith ag féachaint ar an teilifís?** – *Do you like to watch television?*
2. **Cén sórt clár a thaitníonn leat?** – *What kind of programmes do you like?*
3. **Cad é an clár is fearr leat?** – *What is your favourite programme?*
4. **Cén sórt cláir é sin?** – *What sort of programme is that?*
5. **Cén bealach teilifíse ar a mbíonn sé ar siúl?** – *What channel is it on?*
6. **Cén lá / cén t-am a bhíonn sé ar siúl?** – *What day / time is it on?*
7. **Cá bhfuil an clár suite?** – *Where is the programme set?*
8. **Inis dom faoi scéal an chláir.** – *Tell me about the storyline.*
9. **Cé hé / hí an carachtar is fearr leat? Cén fáth?** – *Who is your favourite character? Why?*
10. **Cén fáth a dtaitníonn an clár leat?** – *Why do you like the programme?*

### Ceisteanna / Questions

**1. An maith leat a bheith ag féachaint ar an teilifís?** – *Do you like to watch television?*

**Is maith liom. / Ní maith liom.**
*Yes / No (literally, I do like/I do not like).*

**Is breá / aoibhinn liom a bheith ag féachaint ar an teilifís.** *I love to watch television.*

**Féachaim air anois is arís ach níl mé róthógtha leis.** *I watch it now and again but I'm not addicted to it.*

**Ní fhéachaim ar an teilifís go minic.** *I don't watch television very often.*
**Ní fhéachaim ar an teilifís riamh.** *I never watch television.*

**Féachaim ar scannáin / ar na cláir is fearr liom ar mo ríomhaire glúine.**
*I watch films / my favourite programmes on my laptop.*

**2. Cén sórt clár a thaitníonn leat?** – *What kind of programmes do you like?*

**Is maith liom** _____ . *I like* _____ .
**Is maith liom X ach is fearr liom Y.** *I like X but I prefer Y.*

| | | | |
|---|---|---|---|
| **coirchláir** | *crime programmes* | **cláir cheoil** | *music programmes* |
| **cláir chócaireachta** | *cookery programmes* | **cláir réalaíocha** | *reality programmes* |
| **cláir ghrinn** | *comedies* | **sobalchláir** | *soaps* |
| **cláir fhaisnéise** | *documentaries* | **cláir talainne** | *talent shows* |
| **cláir oideachasúla** | *educational programmes* | **cláir fhicsean-eolaíochta** | *science fiction* |
| | | **cláir uafáis** | *horror programmes* |
| **cláir bhleachtaireachta** | *detective programmes* | **cláir staire** | *historical programmes* |
| **cláir spóirt** | *sports programmes* | **sraith teilifíse** | *television series* |

**Caibidil 5**

3. **Cad é an clár is fearr leat?** – *What is your favourite programme?*

   Is é _____ an clár is fearr liom.
   _____ *is my favourite programme.*

4. **Cén sórt cláir é sin?** – *What sort of programme is that?*

   Is clár _____ é.
   *It is a _____ .*

5. **Cén bealach teilifíse ar a mbíonn sé ar siúl?** – *What channel is it on?*

   Bíonn sé ar siúl ar _____ (RTÉ a haon/a dó / TV a trí / TG4 / Sky / BBC a haon . . . )

6. **Cén lá / Cén t-am a bhíonn sé ar siúl?** – *What day / time is it on?*

   Bíonn sé ar siúl gach _____ ó _____
   go dtí _____ .
   *It is on every _____ from _____
   until _____.*

7. **Cá bhfuil an clár suite?** – *Where is the programme set?*

   Tá an clár suite i _____ .
   *The programme is set in _____.*

8. **Inis dom faoi scéal an chláir.** – *Tell me about the storyline.*

   Féach an freagra samplach níos déanaí sa chaibidil. – *Look at the sample answer later in the chapter.*

9. **Cé hé / hí an carachtar is fearr leat? Cén fáth?** – *Who is your favourite character? Why?*

   Is é / í _____ an carachtar is fearr liom mar tá sé / sí / siad . . .
   _____ *is my favourite character because he / she / they are . . .*

   Is iad _____ na carachtair is fearr liom.
   _____ *are my favourite characters.*

   **é:** male
   **í:** female
   **iad:** plural

| | | | |
|---|---|---|---|
| **greannmhar** | *funny* | **suimiúil** | *interesting* |
| **dathúil** | *handsome / pretty* | **craiceáilte** | *crazy* |

51

## Bua sa Bhéaltriail

| | |
|---|---|
| **Is aisteoir maith é / í.** | He / she is a good actor. |
| **Is aisteoir iontach é / í.** | He / she is a wonderful actor. |
| **Is aisteoir cumasach / tallannach é / í.** | He / she is a talented actor. |
| **Cuireann sé / sí ag gáire mé.** | He / she makes me laugh. |

**10. Cén fáth a dtaitníonn an clár leat?** – *Why do you like the programme?*

**Is maith liom é mar tá sé** _____.
*I like it because it is* _____.

| | | | |
|---|---|---|---|
| **greannmhar** | *funny* | **suimiúil** | *interesting* |
| **spraíúil** | *amusing* | **difriúil** | *different* |
| **oideachasúil** | *educational* | **spreagthach** | *stimulating / exciting* |

| | |
|---|---|
| **Is scéal maith é.** | It is a good story. |
| **Bíonn scéal difriúil ann gach seachtain.** | There is a different story every week. |
| **Is iomaí casadh is corradh a bhíonn sa scéal.** | The story has lots of twists and turns. |
| **Ní bhíonn a fhios agat riamh cad a tharlóidh.** | You never know what will happen. |
| **Baineann sé leis an saol mar atá.** | It is true to life. |
| **Tá an clár dea-scríofa.** | The programme is well written. |
| **Is clár réalaíoch é.** | It is a realistic programme. |
| **Tugann sé sos / faoiseamh dom ón saol / obair scoile.** | *It gives me a break from life / schoolwork.* |
| **Tugann sé seans dom mo scíth a ligean.** | It gives me a chance to relax. |

## Nathanna breise / Extra phrases

| | |
|---|---|
| Tá ré na teilifíse ag teacht chun deiridh. Is féidir féachaint ar gach rud anois ar ríomhaire nó ar theileafón glic. | The era of the television is coming to an end. One can watch everything now on a computer or smartphone. |
| Caitheann daoine óga an iomarca ama ag féachaint ar an teilifís na laethanta seo. | Young people spend too much time looking at television these days. |
| Caithfear a admháil go mbíonn an-chuid truflaise ar an teilifís ach bíonn cláir iontacha ar fáil freisin. | One has to admit that there is a lot of rubbish on television but there are wonderful programmes also. |
| Is fuath liom cláir ar nós 'Made in Chelsea' mar tá na daoine an-bhaothghalánta! | I hate programmes like 'Made in Chelsea' as all the people on it are so snobbish! |
| Féachaim ar . . . ar TG4 chun feabhas a chur ar mo chuid Gaeilge. Cabhraíonn na fotheidil go mór liom. | I watch . . . on TG4 to improve my Irish. The subtitles really help me. |
| Tá a lán clár oideachasúla ar fáil ar an teilifís agus ar an idirlíon na laethanta seo. | There are a lot of educational programmes on television and on the internet these days. |
| Is iontach an áis iad an teilifís agus an t-idirlíon sa chóras oideachais. Is maith liom é nuair a bhaineann an múinteoir úsáid as físteip nó clár teilfíse sa seomra ranga. | The television and internet are wonderful educational facilities. I like it when the teacher uses a video or television programme in the classroom. |
| Tá sé níos deacra do thuismitheoirí inniu smacht a bheith acu ar na cláir a bhféachann a bpáistí orthu mar bíonn beagnach gach rud ar fáil ar an idirlíon. | It is more difficult today for parents to control what their children watch as almost everything is available online. |

## Seanfhocail oiriúnacha / Suitable proverbs

# Bua sa Bhéaltriail

## Ceachtanna Foclóra / Vocabulary exercises

**Cuir Gaeilge ar na habairtí seo a leanas:**

1. I do not have a lot of spare time this year but I like to watch television now and again because it gives me a break from the stress of work. _____

2. I like crime programmes, for example *CSI*, because they are interesting and have lots of twists and turns in them. _____

3. I don't like television. When I want to take a break from work I go on Facebook or play a computer game. _____

4. I hate reality television programmes except for talent shows like *X-Factor*. _____

5. There are some very good programmes on television but there is also a lot of rubbish. As the proverb says . . . (insert an appropriate proverb). _____

6. One can watch television now on computers and smartphones. In my opinion, the day of television is over. _____

7. My favourite actor is _____ because he/she is so talented. _____

8. Television and the internet are a great educational facility as they make classes more interesting and stimulating. _____

9. It is harder for parents to control what children watch now as almost everything is available online. _____

10. I have to admit I am addicted to (**tugtha do**) _____. I watch it every day after school. _____

## Caibidil 5

**An maith leat a bheith ag féachaint ar an teilifís?** – *Do you like to watch television?*

### Freagra samplach

Bhuel, dar ndóigh, ní bhíonn mórán ama le spáráil agam i mbliana *(this year)* mar táim an-ghnóthach *(very busy)* ag staidéar don Ardteist ach nuair a bhíonn an t-am agam is maith liom a bheith ag féachaint ar an teilifís chun mo scíth a ligean *(to relax)*.

1. *Friends*

Is aoibhinn liom *Friends*. Is clár grinn Meiriceánach é. Is seanchlár é ach bíonn sé fós *(still)* ar siúl ar bhealach teilifíse éigin *(some television station)* gach lá. Féachaim ar an gclár gach lá tar éis scoile chun mo scíth a ligean sula dtosaím ar m'obair bhaile agus mo chuid staidéir. Tá an clár suite i Nua Eabhrac *(New York)*. Is maith liom é mar tá sé an-ghreannmhar agus ní bhíonn a fhios agat riamh cad a tharlóidh. Is iad Ross, Joey, Chandler, Monica, Rachel agus Phoebe na príomhcharachtair. Is í Phoebe an carachtar is fearr liom mar tá sí craiceáilte agus an-ghreannmhar. Is scéal é faoi shaol *(life)* sheisear cairde atá ina gcónaí le chéile i Nua Eabhrac. Téann siad go dtí an caifé áitiúil *(local)* gach lá chun caife a ól. Tarlaíonn rudaí áiféiseacha *(ridiculous)* ina saolta laethúla. Tá Joey an-dúr, tá OCD ar Monica, agus bíonn gach duine ag titim i ngrá *(falling in love)* agus ag titim as grá i gcónaí *(all the time)*. Is scéal an-éadromchroíoch é *(it is a very light-hearted story)* agus tugann sé sos maith dom tar éis lá scoile!

2. *Breaking Bad*

Is aoibhinn liom *Breaking Bad*. Is sraith teilifíse é ach chonaic mise ar dtús é ar Netflix – sin suíomh idirlín ar a mbíonn scannáin agus cláir theilifíse le feiceáil. Níl sé saor in aisce *(it is not free)*. Caithfidh tú íoc as *(pay for it)* gach mí *(month)* ach níl sé ró-dhaor *(very dear)*.

Is scéal é faoi mhúinteoir ceimice i Meiriceá. Bhí sé an-chliste ach ní raibh a lán airgid aige. Ansin, fuair sé ailse agus ní raibh a dhóthain airgid *(enough money)* aige don chóir leighis *(medical treatment)*. Thosaigh sé ag déanamh drugaí – crystal meth – le hiardhalta *(a past pupil)* óna scoil. D'éirigh sé *(he became)* an-saibhir ach d'éirigh sé an-chruálach *(very cruel)* freisin agus mharaigh se a lán daoine. Sa deireadh fuair sé bás.

Bhí an aisteoireacht *(acting)* go hiontach agus bhí an script an-mhaith freisin. Bhain na haisteoirí clú agus cáil amach ar fud an domhain. Bhain mé an-taitneamh as agus bhí brón orm nuair a chríochnaigh sé.

### Leid / Hint

**Féach ar chlár éigin ar TG4 cúpla uair i rith na seachtaine. Ní hamháin go dtiocfaidh feabhas ar do chuid Gaeilge ach beidh níos mó le rá agat sa bhéaltriail!**
*Watch a programme on TG4 a couple of times a week. Not only will it improve your Irish but you will have more to say in your oral!*

### Do scéal féin / Your personal answer

Anois, scríobh cuntas ar an gclár teilifíse is fearr leat agus tabhair do do mhúinteoir é chun é a cheartú.

_____
_____
_____

# Bua sa Bhéaltriail

### Fócas ar an Scrúdú / Exam Focus

**Cleachtadh a dhéanann máistreacht! Ceartaigh aon bhotúin a rinne tú agus athscríobh do chuntas ar an leathanach cuí ag deireadh an leabhair seo. Cleachtaigh go rialta é.**

*Practice makes perfect! Correct any mistakes you made and rewrite your account on the appropriate page at the end of this book. Practise it regularly.*

## 3 Scannáin Ceisteanna Treoraithe / Guided Questions

1. **An maith leat dul go dtí an phictiúrlann?** – *Do you like to go to the cinema?*
2. **Cé leis a dtéann tú?** – *With whom do you go?*
3. **Cén phictiúrlann?** – *What cinema?*
4. **Cén sórt scannán a thaitníonn leat? Cén fáth?** – *What kind of films do you like? Why?*
5. **Cé hé/hí an t-aisteoir is fearr leat agus cén fáth?** – *Who is your favourite actor and why?*

### Ceisteanna / Questions

**1. An maith leat dul go dtí an phictiúrlann?** – *Do you like to go to the cinema?*

**Ní maith liom dul go dtí an phictiúrlann mar . . .**
*I don't like going to the cinema because . . .*

| | |
|---|---|
| **tá sé ró-chostasach.** | *it is too expensive.* |
| **ní bhíonn mórán scannán maithe ar fáil na laethanta seo.** | *there aren't many good films around these days.* |
| **is fearr liom féachaint ar scannáin ar mo ríomhaire glúine sa bhaile nó le mo chairde.** | *I prefer to watch films on my laptop at home or with my friends.* |
| **bíonn an phictiúrlann plódaithe le páistí go minic agus cuireann siad isteach orm.** | *the cinema is often packed with children and they annoy me.* |

**Is maith liom. Téim ann . . .**
*Yes, I do. I go there . . .*

| | | | |
|---|---|---|---|
| **go minic** | *often* | **go rialta** | *regularly* |
| **gach seachtain** | *every week* | **uair sa mhí** | *once a month* |
| **anois is arís** | *now and again* | **ar a laghad** | *at least* |

**2. Cé leis a dtéann tú?** – *With whom do you go?*

**Téim le mo chairde / mo bhuachaill / mo chailín.**
*I go with my friends / my boyfriend / my girlfriend.*

**Téim ann anois is arís le mo thuismitheoirí.**
*I go now and again with my parents.*

**Tógaim mo dheartháir / mo dheirfiúr / mo chol ceathrar / mo neacht / mo nia anois is arís.**
*I take my brother / sister / cousin / niece / nephew now and again.*

## Bua sa Bhéaltriail

**3. Cén phictiúrlann?** – *What cinema?*

**Téim go dtí an phictiúrlann áitiúil / i lár na cathrach.**
*I go to the local cinema / the cinema in the city centre.*

**4. Cén sórt scannán a thaitníonn leat? Cén fáth?** – *What kind of films do you like? Why?*
**Is maith liom . . .**

| | | | |
|---|---|---|---|
| scannáin rómánsacha | *romantic films* | scannáin ghrinn | *comedies* |
| scannáin chogaidh | *war films* | scannáin uafáis | *horror films* |
| scannáin fhantaisíochta | *fantasy films* | coirscannáin | *crime films* |
| scannáin fhoréigneacha | *violent films* | scéinséirí | *thrillers* |
| scannáin eachtraíochta | *adventure films* | scannáin fhicsean eolaíochta | *sci-fi films* |
| scannáin faoi dhronganna | *films about gangs* | | |
| scannáin fhaisnéise | *documentary films* | | |
| scannáin atá bunaithe ar fhíorscéalta | *films which are based on true stories* | | |

**5. Cé hé/hí an t-aisteoir is fearr leat agus cén fáth?** – *Who is your favourite actor and why?*

**Is aoibhinn liom** _____ **mar tá sé / sí . . .**
*I love* _____ *because he / she is . . .*

**Is é / í** _____ **an t-aisteoir is fearr liom mar . . .**
*My favourite actor is* _____ *because . . .*

| | |
|---|---|
| is aisteoir den scoth é / í | *he / she is an excellent actor* |
| tá sé / sí an-chumasach / an tallannach | *he / she is very talented* |
| is aisteoir siamsúil é / í | *he / she is entertaining* |
| is aisteoir éirimiúil é / í | *he / she is an intelligent actor* |
| tá sé / sí an-dathúil | *he / she is very handsome / pretty* |
| bíonn ról maith aige/aici i gcónaí | *he / she always has a good role* |

### Nathanna breise / Extra phrases

**Bhí clú agus cáil ar na Ceiltigh mar scéalaithe. B'fhéidir gurb shin é an fáth gurb aisteoirí maithe sinn!**

*The Celts were known to be great storytellers. Maybe that's why we make good actors!*

**Deirtear go bhfuil 'féith na cainte' sna Gaeil – b'fhéidir gurb shin é an fáth gurb aisteoirí iontacha sinn!**

*It is said that the Irish have 'the gift of the gab' – maybe that's why some great actors are Irish.*

**Is Éireannaigh iad roinnt de na haisteoirí is cáiliúla ar domhan, mar shampla Liam Neeson, Colin Farrell, Saoirse Ronan, Chris O'Dowd.**

*Some of the most famous actors in the world are Irish, for example . . .*

| | |
|---|---|
| De réir taighde, bíonn droch-thionchar ag scannáin fhoréigneacha ar dhaoine óga, agus bíonn na céadta uair d'fhoréigean feicthe acu roimh aois a ndeich mbliana. | According to research, violent films have a bad effect on young people, and they have seen hundreds of hours of violence by the age of ten. |
| Tá tionscal na scannánaíochta go láidir in Éirinn agus tá na mílte duine ag obair ann. | Ireland has a very strong film industry with thousands of people working in it. |
| Is cuid thábhachtach de gheilleagar na tíre é tionscal na scannánaíochta in Éirinn. Cruthaíonn sé postanna agus meallann sé líon mór turasóirí go dtí an tír. | The Irish film industry is an important part of the economy. It creates jobs and attracts tourists to the country. |
| Tá scannáin mhaithe ar fáil i nGaeilge le blianta beaga anuas, mar shampla *An t-Ádh, Yu Ming Is Ainm Dom* agus a lán eile. Is féidir a lán díobh a fháil ar YouTube. | There are some good films in the Irish language which have become available in recent years, for example *An t-Ádh, Yu Ming Is Ainm Dom* and a lot more. Many are available on YouTube. |

## Ceachtanna Foclóra / Vocabulary exercises

Cuir Gaeilge ar na habairtí seo a leanas:

1. I like to go to the cinema but it is very expensive now. A ticket costs €10 at the weekend.
   _____
   _____.

2. I don't go to the cinema because I can watch films on my laptop free of charge.
   _____
   _____.

3. I watch films on my laptop but sometimes I like to go to the cinema to see the latest releases (na scannáin is déanaí/nua-eisithe). _____
   _____
   _____.

4. I love to go to the cinema to relax at the weekend. I really like a good comedy. _____
   _____
   _____.

5. _____ is my favourite actor. He/she is an excellent actor and always chooses good films. _____
   _____
   _____.

6. My favourite director is_____. He/she is very intelligent and creative (cruthaitheach). _____
   _____
   _____.

## Bua sa Bhéaltriail

7. There are some wonderful films which can be used in the classroom and make a subject very enjoyable, for example dramas by Shakespeare, Irish-language films or films such as *Hotel Rwanda* in CSPE. _____
_____
_____ .

8. The film industry in Ireland is very strong and is an important part of our economy.
_____
_____ .

9. Thousands of people are employed in the Irish film industry and many thousands of tourists come to Ireland each year because they saw a film which was set here. _____
_____
_____ .

10. According to research, children see a lot of violence on television and in films and it has a bad effect on them. _____
_____
_____ .

**Inis dom faoi scannán a chonaic tú le déanaí.** – *Tell me about a film you saw recently.*

Traic 7

### Freagra samplach

Chonaic mé an Scannán *Twelve Years a Slave* an tseachtain seo caite. Bhí sé go hiontach! Is é Steve McQueen an stiúrthóir, agus bhí aisteoirí cáiliúla páirteach ann, mar shampla, Michael Fassbender, Brad Pitt agus Chiwetel Ejiofor chomh maith le *(as well as)* haisteoirí nua. Is fíorscéal é faoi fhear gorm *(a black man)* i Meiriceá timpeall 1840 (míle ocht gcéad daichead) a bhí saor *(free)* agus ina chónaí i Washington, ach fuadaíodh é *(he was kidnapped)* agus cuireadh ag obair é mar sclábhaí *(a slave)* ar phlandálacha móra siúcra agus cadáis *(big sugar and cotton plantations)* i Louisiana. Bhí saol uafásach dian aige ann ar feadh dhá bhliain déag sular tháinig cara leis chun é a shaoradh *(to free him)*. Scéal an-bhrónach é agus bhí sé an-deacair *(difficult)* féachaint air in áiteanna ach, mar sin féin *(even so)*, bhain mé an-taitneamh as mar is maith liom stair agus fíorscéalta, agus bhí an aisteoireacht den scoth *(the acting was excellent)*.

### Leid / Hint

**Bunaigh 'ciorcal comhrá' le do chairde uair sa tseachtain chun Gaeilge a chleachtadh. Tabharfaidh sé deis iontach daoibh na hábhair don bhéaltriail a chleachtadh gan strus!**
*Meet with a few friends once a week and chat in Irish together. It will give you a great opportunity to practise material for the oral exam in a relaxed atmosphere!*

## Do scéal féin / Your personal answer

**Más maith leat dul go dtí an phictiúrlann, déan cur síos ar scannán a chonaic tú le déanaí. Tabhair do do mhúinteoir é chun é a cheartú.**

*If you like going to the cinema, describe a film you saw recently. Give it to your teacher for correction.*

# Bua sa Bhéaltriail

> ### Fócas ar an Scrúdú / Exam Focus
>
> Cleachtadh a dhéanann máistreacht! Ceartaigh aon bhotúin a rinne tú agus athscríobh do chuntas ar an leathanach cuí ag deireadh an leabhair seo. Cleachtaigh go rialta é.
> *Practice makes perfect! Correct any mistakes you made and rewrite your account on the appropriate page at the end of this book. Practise it regularly.*

## 4 Léitheoireacht Ceisteanna Treoraithe / Guided Questions

1. An maith leat leabhair a léamh? – *Do you like to read books?*
2. Cén sórt leabhar? – *What kind of books?*
3. Cé hé/hí an t-údar is fearr leat agus cén fáth? – *Who is your favourite author and why?*

### Ceisteanna / Questions

**1. An maith leat leabhair a léamh?** – *Do you like to read books?*

**Ní maith liom. Is fearr liom . . .**
*I do not. I prefer to . . .*
**Is maith liom.**
*I do.*

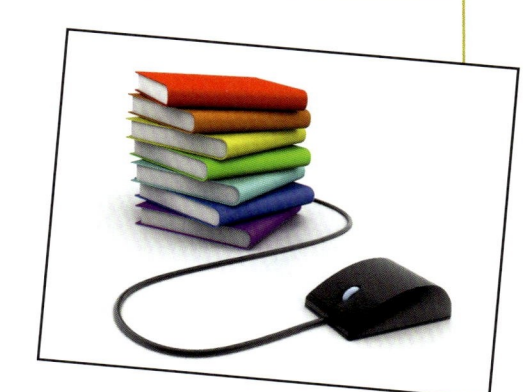

**2. Cén sórt leabhar?** – *What sort of books?*

Is maith liom gach sórt leabhair ach is é an seánra (genre) is fearr liom ná . . .

| | | | |
|---|---|---|---|
| **úrscéalta** | *novels* | **úrscéalta stairiúla** | *historical novels* |
| **gearrscéalta** | *short stories* | **úrscéalta eachtraíochta /** | |
| **úrscéalta grafacha** | *graphic novels* | **eipicí** | *adventure / epic novels* |
| **beathaisnéisí** | *biographies* | **ficsean** | *fiction* |
| **dírbheathaisnéisí** | *autobiographies* | **neamhfhicsean** | *non-fiction* |
| **leabhair ghnó** | *business books* | **ficsean-eolaíochta** | *science fiction* |
| **leabhair spóirt** | *sports books* | **scéinséirí** | *thrillers* |
| **leabhair ghrinn** | *comedies* | | |

**3. Cé hé / hí an t-údar is fearr leat agus cén fáth?** – *Who is your favourite author and why?*

Is é / í _____ an t-údar is fearr liom.

Is scríbhneoir iontach é / í.
Is maith liom a stíl scríbhneoireachta *(writing style)*.
Tá stíl an-tarraingteach *(very attractive)* aige / aici.

## Nathanna breise / Extra phrases

| | |
|---|---|
| Bíonn mo mham is mo mhúinteoirí i gcónaí ag rá liom níos mó leabhar a léamh chun feabhas a chur ar mo stór foclóra, ach is fearr liomsa ailt nuachta a léamh ar líne. | *My mother and my teachers are always telling me to read more books to improve my vocabulary, but I prefer to read newspaper articles online.* |
| Tá leabharlann mhaith againn sa scoil leis na mílte leabhar ann, agus is féidir le daltaí moltaí a thabhairt don leabharlannaí freisin. | *We have a good library in the school with thousands of books and students can recommend books to the librarian.* |
| Faraor, níl leabharlann mhaith againn sa scoil. | *Unfortunately, we don't have a good school library.* |
| Sa scoil seo againne tá scéim mhaith againn darb ainm 'Book in a Bag' – caithfidh gach dalta leabhar a bheith aige nó aici ina m(h)ála le léamh má tá múinteoir as láthair nó nuair a bhíonn an obair ranga críochnaithe. Tá fás mór tagtha ar an suim sa léitheoireacht ó thosaigh an scéim. | *In our school we have a scheme called 'Book in a Bag' – all students must have a book in their bag to read if a teacher is not in or when classwork is finished. There has been a big increase in interest in reading since the scheme began.* |
| Is áis iontach iad na leabharlanna áitiúla – tugann siad deis do gach duine léamh mar uaireanta bíonn leabhair costasach. | *Local libraries are a great resource – they give everyone the opportunity to read as books can be expensive.* |
| Is mór an trua é gur dúnadh roinnt leabharlanna áitiúla de bharr an chúlú eacnamaíochta. | *It is a great pity that some libraries were shut down due to the economic recession.* |
| Caitheann daoine óga an iomarca ama ag imirt cluichí ríomhairí agus ag féachaint ar an teilifís. Tá caighdeán na litearthachta ag titim bliain i ndiaidh bliana. | *Young people spend too much time playing computer games and watching television. The standard of literacy is dropping year on year.* |
| Ach, is dea-scéal é go bhfuil níos mó suime i measc na n-óg sa léitheoireacht arís a bhuí le húrscéalta ar nós Harry Potter. | *But the good news is that interest in reading is growing among young people, thanks to books such as Harry Potter.* |
| Tá béim mhór á chur ag an Rialtas ar an litearthacht sna scoileanna le roinnt blianta anuas. | *The Government is putting a lot of emphasis on literacy in schools in recent years.* |

# Bua sa Bhéaltriail

## Ceachtanna Foclóra / Vocabulary exercises

**Cuir Gaeilge ar na habairtí seo a leanas:**

1. I like reading books but, unfortunately (*faraor*), I don't have a lot of free time this year because I am very busy studying. _____ _____ _____ .

2. I hate reading. I prefer to chat to my friends on Facebook / to go to the cinema / to play tennis (*cuir isteach do chluiche spóirt féin*). _____ _____ _____ .

3. I like all sorts of books but my favourite genre is historical fiction. _____ _____ _____ .

4. My favourite author is _____. He/she writes science fiction. _____ _____ .

5. I really enjoy epic novels, for example . . . _____

6. I don't have time to read during the school year except (*ach amháin*) the books on the syllabus (*siollabas*) but I love to read fiction during the summer. _____ _____ _____ .

7. Reading improves the mind. _____ _____

8. It is true what they say – a person is never lonely when he/she has a good book to read. _____ _____

9. Graphic novels have become popular in recent years. One time they were only for children but now they are written for adults too. _____ _____ _____ _____ .

10. The era of the book is nearly dead. I prefer my Kindle. It is light to carry and I can store lots of books on it. _____ _____ _____ .

## Caibidil 5

**Inis dom faoi leabhar a léigh tú le déanaí.** – *Tell me about a book you read recently.*

### Freagra samplach

1. *Gone Girl* le Gillian Flynn

Léigh mé *Gone Girl* le scríbhneoir Meiriceánach, Gillian Flynn. Is scéinséir *(thriller)* é faoi fhear, Nick, agus a bhean, Amy. Bhí siad ina gcónaí i Nua Eabhrac agus bhí Nick ag obair mar iriseoir *(journalist)* ach chaill sé a phost. Chuaigh siad ar ais chun cónaí i mbaile beag i Missouri *(áit a rugadh Nick)*. Cheannaigh sé teach tábhairne *(pub)* ansin lena dheirfiúr ach ní raibh Amy sona ar chor ar bith. Lá amháin – a gcúigiú comóradh pósta *(fifth wedding anniversary)* – d'imigh Amy gan tásc ná tuairisc *(without trace)*. Cheap na póilíní *(police)* gur mharaigh Nick í ach ag deireadh an scéil tagann sí ar ais.

Bhain mé an-taitneamh as an scéal mar bhí sé lán le teannas *(suspense)* agus bhí corradh is casadh *(twist and turn)* ar beagnach *(almost)* gach leathanach.

Traic 8

2. *The Hunger Games* le Suzanne Collins

Léigh mé an leabhar *The Hunger Games*, ceann den tríológ *(trilogy)* de leabhair eachtraíochta *(adventure)* a scríobh Suzanne Collins. Tá an scéal suite sa todhchaí *(future)* i náisiún ollsmachtach *(totalitarian)* darb ainm Panem. Is áit an-saibhir í an phríomhchathair, Capitol, ach tá na ceantair eile an-bhocht. Gach bliain bíonn ar bheirt déagóirí ó gach ceantar troid *(fight)* in aghaidh a chéile *(against each other)* go dtí go bhfaigheann duine díobh bás. Faigheann an ceantar as a dtagann an buaiteoir *(winner)* a lán bia mar dhuais. Is í Katniss Everdeen an príomhcharachtar agus is trodaí *(fighter)* iontach í.

Bhain mé an-taitneamh as an leabhar mar is scéal maith é atá lán d'aicsean agus de mhothúcháin. Tá breis is *(more than)* caoga milliún *(50 million)* cóip den leabhar díolta cheana féin agus rinneadh scannán de freisin.

Traic 9

### 💡 Leid / Hint

Mura bhfuil an t-am agat leabhair a léamh lasmuigh den chúrsa i mbliana, labhair faoi úrscéal atá ar do chúrsa Béarla don Ardteist.

*If you don't have time to read for pleasure this year prepare a piece about a novel which you have read as part of your Leaving Cert English course.*

### Do scéal féin / Your personal answer

Más maith leat leabhair a léamh déan cur síos ar leabhar a léigh tú le déanaí. Tabhair do do mhúinteoir é chun é a cheartú.

*If you like to read, describe a book which you read recently. Give it to your teacher for correction.*

_____
_____
_____
_____
_____

# Caint is Comhrá

## Fócas ar an Scrúdú / Exam Focus

**Cleachtadh a dhéanann máistreacht! Ceartaigh aon bhotúin a rinne tú agus athscríobh do chuntas ar an leathanach cuí ag deireadh an leabhair seo. Cleachtaigh go rialta é.**
*Practice makes perfect! Correct any mistakes you made and rewrite your account on the appropriate page at the end of this book. Practise it regularly.*

# Caibidil 6

## Mo Chaitheamh Aimsire: Ceol, Damhsa, Drámaíocht, Cluichí Ríomhaire, Suíomhanna Sóisialta / My Hobbies: Music, Dance, Drama, Computer games, Social Media

Sa chaibidil seo foghlaimeoidh tú conas cur síos a dhéanamh ar na caitheamh aimsire a leanas:
*In this chapter you will learn how to talk about the following hobbies:*

- **Ceol** – *music*
- **Damhsa** – *dance*
- **Drámaíocht** – *drama*
- **Cluichí ríomhaire** – *computer games*
- **Suíomhanna sóisialta** – *social network sites*

## 1. Ceol Ceisteanna Treoraithe / Guided Questions

1. **An maith leat ceol? Cén sórt / saghas?** – *Do you like music? What sort?*
2. **Cad é an grúpa ceoil is fearr leat? Cén fáth?** – *What is your favourite group? Why?*
3. **Cé hé / hí an ceoltóir / an t-amhránaí is fearr leat? Cén fáth?** – *Who is your favourite musician / singer? Why?*
4. **Conas a éisteann tú le do chuid ceoil?** – *How do you listen to your music?*
5. **An gceannaíonn tú dlúthdhioscaí?** – *Do you buy CDs?*
6. **An seinneann tú féin uirlis ceoil?** – *Do you play a musical instrument yourself?*
7. **An bhfuil tú ag déanamh ceoil don Ardteist?** – *Are you doing music for the Leaving Cert?*
8. **An dtéann tú go ranganna ceoil?** – *Do you go to music classes?*
9. **An bhfuil scrúduithe ceoil déanta agat?** – *Have you done music exams?*

### Ceisteanna / Questions

1. **An maith leat ceol? Cén sórt?** – *Do you like music? What sort?*

**Ní maith liom**
*No, I don't.*
**Caithfidh mé a rá nach bhfuil mé ró-thógtha le ceol.**
*I must say that I'm not really into music.*

**Is maith liom / Is aoibhinn liom ceol.**
*I like / I love music.*

**Is maith liom a lán sórt ceoil ach is é _____ an ceol is fearr liom.**
*I like many sorts of music but _____ is my favourite.*

## Bua sa Bhéaltriail

| | |
|---|---|
| ceol tuaithe Meiriceánach | American country |
| na gormacha / na blues | blues |
| ceol clasaiceach | classical |
| ceol tuaithe | country |
| ceol leictreonach – (ceol tí, teicneó, garáiste, dubstep) | electronic (house, techno, garage, dubstep) |
| ceol tíre | folk |
| ceol hip-hap | hip-hop |
| miotal trom | heavy metal |
| snagcheol | jazz |
| ceol laidine | latin |
| ceoldrámaí | musicals / opera |
| popcheol | pop |
| ceol pop rac | pop rock |
| ceol rap | rap |
| reigé | reggae |
| ceol rithim is gorma | RnB |
| rac-cheol | rock music |
| ceol traidisiúnta | traditional music |

**2. Cad é an grúpa ceoil is fearr leat? Cén fáth?** – *What is your favourite group? Why?*

Is aoibhinn liom _____ mar . . .

Is é _____ an grúpa ceoil is fearr liom mar . . .

| | |
|---|---|
| Is ceoltóirí den scoth iad. | They are excellent musicians. |
| Is maith liom an sórt ceoil a sheinneann siad. | I like the kind of music they play. |
| Is grúpa an-nuálach, cruthaitheach é. | It is a very innovative, creative band. |
| Scríobhann siad a gcuid ceoil féin agus is maith liom é sin. | They write their own music and I like that. |
| Is ceoltóir suaimhneach é/í agus cabhraíonn a c(h)uid ceoil liom mo scíth a ligean. | He/she is a very relaxing musician and his/her music helps me to relax. |
| Níl a fhios agam cén fáth ach is maith liom iad! | I don't know why, I just like them! |

**3. Cé hé / hí an ceoltóir / an t-amhránaí is fearr leat? Cén fáth?**
*Who is your favourite musician / singer? Why?*

Is maith liom / Is aoibhinn liom _____ mar . . .

### Caibidil 6

| | |
|---|---|
| **Is ceoltóir / amhránaí an-tallannach é / í** | *He / she is a very talented musician / singer.* |
| **Scríobhann sé a amhráin féin** | *He writes his own songs.* |
| **Scríobhann sí a hamhráin féin** | *She writes her own songs.* |
| **Is ceoltóir difriúil / uathúil é / í.** | *He / she is a different / unique musician.* |
| **Tá fuaim uathúil dá c(h)uid féin aige / aici agus is maith liom é.** | *He / she has his / her own unique sound and I like it.* |

**4. Conas a éisteann tú le ceol?** – *How do you listen to music?*

**Éistim le ceol ar m'fhón póca / soghluaiste / mo i-pod / mo ríomhaire glúine.**
*I listen to music on my mobile / i-pod / laptop.*

**5. An gceannaíonn tú dlúthdhioscaí?** – *Do you buy CDs?*

**Ceannaím.** *I do.*
**Ceannaím ceann nó dhó gach seachtain / in aghaidh na seachtaine.**
*I buy one or two each week.*

**Ceannaím ceann nó dhó gach mí / in aghaidh na míosa.**
*I buy one or two a month.*

**Ceannaím ceann anois is arís, ní ró-mhinic.**
*I buy one now and again, not very often.*

**Ní cheannaím dlúthdhioscaí sna siopaí a thuilleadh mar is féidir liom amhráin nó ceol a cheannach ar líne ó iTunes nó ar Spotify.**
*I don't buy CDs in the shops any more because I can buy songs or music online from iTunes or Spotify.*

**Is aip theileafóin** (*telephone app*) **é Spotify gur féidir a íoslódáil** (*download*) **ar d'fhón nó ríomhaire. Tá aip amháin saor in aisce** (*free*) **agus tá ceann eile ar fáil** (*available*) **ar shíntiús** (*subscription*) **míosúil** (*monthly*).

**6. An seinneann tú féin uirlis ceoil?** – *Do you play a musical instrument yourself?*

**Ní sheinnim.** *I don't (play).*
**Seinnim.** *I do (play).*

| | | | |
|---|---|---|---|
| **an bosca ceoil** | *accordion* | **an dordghiotár** | *bass guitar* |
| **an bainseó** | *banjo* | **an chláirseach** | *harp* |
| **an bodhrán** | *bodhrán* | **an óbó** | *oboe* |
| **an dordveidhil** | *cello* | **an fhliúit Shasanach** | *recorder* |
| **an chlairnéid** | *clarinet* | **an sacsafón** | *saxophone* |
| **na drumaí** | *drums* | **an fheadóg stáin** | *tin whistle* |
| **an fhliúit** | *flute* | **an veidhlín** | *violin* |
| **an giotár** | *guitar* | | |

## Bua sa Bhéaltriail

**7. An bhfuil tú ag déanamh ceoil don Ardteist?** – *Are you doing music for the Leaving Cert?*

Tá / Níl.
*I am / I am not.*

**8. An dtéann tú go ranganna ceoil?** – *Do you go to music classes?*

Ní théim.
*I don't (go).*

Téim uair sa tseachtain / uair amháin sa mhí.
*I go once a week / once a month.*

**9. An bhfuil scrúduithe ceoil déanta agat?** – *Have you done music exams?*

Níl.
*I haven't.*

Níl go fóill ach beidh scrúdú á dhéanamh agam go luath.
*Not yet, but I will be doing an exam soon.*

Tá. Tá scrúdú déanta agam.
*Yes. I have done an exam.*

Tá. Tá mé ag grád _____ anois.
*Yes. I am on grade _____ now.*

### Nathanna breise / Extra phrases

| | |
|---|---|
| Is é an ceol ceann de na rudaí is tábhachtaí i mo shaol. | *Music is one of the most important things in my life.* |
| Is ceoltóir ilchumasach / ildánach é / í. | *He / She is a multi-talented musician.* |
| Is maith liom éisteacht le ceol agus mé ag staidéar. | *I like to listen to music when I am studying.* |
| Deir an taighde is déanaí nach féidir staidéar i gceart má bhíonn tú ag éisteacht le ceol a bhfuil liricí ann, ach sílim féin gur ráiméis é sin! | *The latest research says that you cannot study properly if you are listening to music with lyrics, but I think that is rubbish!* |
| Ba bhreá liom a bheith in ann uirlis cheoil a sheinm ach, faraor, níl féith an cheoil ionam. | *I would love to be able to play a musical instrument but, unfortunately, I am not musical (literally, I don't have a musical vein!)* |

## Seanfhocail oiriúnacha / Suitable proverbs

| | |
|---|---|
| **Spléachadh isteach i bhFlaithis Dé an ceol.** | *Music is a glimpse of heaven.* |
| **Is minic gur fearr ceol ná feoil.** | *Often music is better than meat (music feeds the soul).* |
| **Ní bhíonn meas ar phíobaire an aon phoirt.** | *There's no respect for the one-tune piper.* |
| **Bia don chorp, deoch don bhéal, comhrá, damhsa agus ceol.** | *Food for the body, drink for the lips, chat, dancing and music. (Things believed to constitute a good life.)* |

**An raibh tú riamh ag ceolchoirm? Inis dom faoi.**
*Were you ever at a concert? Tell me about it.*

**Traic 10**

### Freagra samplach

Bhí. An bhliain seo caite bhí mé ag Féile Oxegen don deireadh seachtaine *(weekend)*. Bhí a lán bannaí agus ceoltóirí éagsúla (difriúla) ag seinm. Fuair mé an ticéad ó mo thuismitheoirí do mo bhreithlá. Chuaigh mé ann le mo chairde agus chaitheamar an deireadh seachtaine ag campáil. Bhí sé ag cur báistí go trom *(heavily)* ó mhaidin go hoíche ach mar sin féin *(even so)* bhaineamar an-taitneamh as *(we really enjoyed it)*. Chonaic mé David Guetta, The Script, Swedish House Mafia, Two Door Cinema Club agus a lán eile. Bhí an ceol agus an chraic go hiontach ach faraor bhí a lán daoine ar meisce *(drunk)* agus ag tógáil drugaí, agus goideadh airgead mo charad *(my friend's money was stolen)*. De réir cosúlachta *(it appears)* tarlaíonn rudaí mar seo gach bliain ach, mar sin féin, ba mhaith liom dul ar ais an samhradh seo chugainn.

**Bua sa Bhéaltriail**

## 2. Damhsa Ceisteanna Treoraithe / Guided Questions

1. An maith leat damhsa? Cén sórt / saghas? – *Do you like dance? What sort?*
2. An dtéann tú go ranganna damhsa? – *Do you take dance classes?*
3. An raibh tú riamh páirteach i dtaispeántas damhsa nó seó? – *Did you ever take part in an exhibition or dance show?*
4. An raibh tú riamh i gcomórtas damhsa? – *Did you ever take part in a dance competition?*
5. An dtéann tú go clubanna oíche ag damhsa? – *Do you go dancing in night clubs?*

### Ceisteanna / Questions

**1. An maith leat damhsa? Cén sórt / saghas? – *Do you like dance? What sort?***

**Ní maith liom é. Is fuath liom damhsa.**
*I don't (like it). I hate dance.*

**Is aoibhinn liom damhsa. Is breá liom é.**

| | |
|---|---|
| bailé | ballet |
| hip-hap | hip-hop |
| snagdhamhsa | jazz |
| damhsa comhaimseartha | modern / contemporary |
| salsa | salsa |
| cniogdhamhsa | tap |
| damhsa Gaelach | traditional Irish dance |

**2. An dtéann tú go ranganna damhsa? – *Do you take dance classes?***

**Ní théim go ranganna ach is maith liom a bheith ag damhsa ag cóisirí** (*parties*) **agus i gclubanna oíche** (*nightclubs*).

**Téim / Téim go rang amháin gach seachtain / in aghaidh na seachtaine.** *I go to one class a week.*
**Téim go rang gach Satharn.** *I go to a class every Saturday.*
**Níor mhaith liom a bheith i mo dhamhsóir proifisiúnta** (*professional dancer*), **áfach** (*however*).

**3. An raibh tú riamh páirteach i dtaispeántas damhsa nó seó?**
*Did you ever take part in a dance exhibition or show?*

**Ní raibh.** *I was not.*

**Bhí mé. Ghlac mé páirt i gceoldráma sa scoil / i dtaispeántas damhsa le mo scoil damhsa.**
*I was. I took part in a musical at school / a dance exhibition with my dance school.*

**4. An raibh tú riamh i gcomórtas damhsa? – *Were you ever in a dance competition?***

**Ní raibh.** *I was not.*

Bhí. Nuair a bhí mé níos óige ghlac mé páirt in a lán comórtas agus bhuaigh mé *(I won)* roinnt duaiseanna *(some prizes)* ach níl an t-am agam anois mar tá mé róghnóthach *(too busy)* ag staidéar don Ardteist.

**5. An dtéann tú go clubanna oíche ag damhsa?** – *Do you go dancing in night clubs?*

Ní théim.
*I don't.*

Ní maith liom clubanna oíche / tá siad ró-chostasach / níl an t-am agam faoi láthair.
*I don't like nightclubs / they are too expensive / I don't have the time at present.*

**Téim go rialta** *(regularly)* **go minic** *(often)* **gach deireadh seachtaine** *(every weekend)* **anois is arís** *(now and again).*

**Téim ar ócáidí speisialta** *(special occasions)*, **mar shampla breithlá, nó má tá rud éigin á cheiliúradh agam** *(if I am celebrating something).*

## Nathanna breise / Extra phrases

| | |
|---|---|
| Deirtear gur cleachtadh coirp iontach é an damhsa. | *It is said that dance is a wonderful form of exercise.* |
| Tugann scileanna damhsa féinmhuinín duit nuair a bhíonn tú ag cóisirí agus i gclubanna oíche. | *Being able to dance gives you self-confidence when you are at parties or in nightclubs.* |
| De réir taighde, déanann an damhsa maitheas don chorp agus don intinn. Tá dea-éifeacht aige ar dhaoine atá in ísle brí. | *According to research, dance is good for the body and the mind. It has a positive effect on people suffering from depression.* |
| Bíonn a lán daoine óga ar meisce roimh dhul go dtí clubanna oíche nó dioscónna na laethanta seo. | *A lot of young people get drunk before they go to nightclubs or discos these days.* |
| Deirtear go mbíonn drugaí ar fáil go héasca is go hoscailte i gclubanna oíche. | *They say that drugs are easily and openly available in nightclubs.* |
| Caithfidh mé a rá nach bhfaca mé a leithéid riamh. | *I must admit that I have never seen anything like that.* |
| Chonaic mé drugaí ar díol le mo shúile féin. | *I saw drugs being sold with my own eyes.* |

## Bua sa Bhéaltriail

**Inis dom faoi do ranganna damhsa.** – *Tell me about your dance classes.*

### Freagra samplach

Traic 11

Bíonn an rang ar siúl ó a naoi a chlog go dtí a haon déag. Déanaimid réamhchleachtadh *(warm-up)* i dtosach *(first)* chun an corp a ullmhú *(to prepare the body)* agus ansin déanaimid cleachtadh ar rincí difriúla *(various dances)* agus ar chéimeanna *(steps)* difriúla. Is aoibhinn liom an rang – tugann sé sos iontach dom ó bhrú an staidéir *(the stress of study)* agus rinne mé a lán cairde nua.

Dá mbeinn *(if I were)* maith go leor *(good enough)* ba bhreá liom a bheith i mo dhamhsóir proifisiúnta *(professional dancer)* ach níl a lán post ar fáil *(available)* ach amháin *(except)* le comhlacht bailé nó i gceoldráma.

### 3. Drámaíocht Ceisteanna Treoraithe / Guided Questions

1. **An maith leat drámaíocht? Cén sórt / saghas?** – *Do you like drama? What sort?*
2. **Cé hé / hí an drámadóir is fearr leat? Cén fáth?** – *Who is your favourite playwright? Why?*
3. **An bhfuil tú i do bhall de chlub drámaíochta?** – *Are you a member of a drama club?*
4. **An maith leat a bheith ag aisteoireacht tú féin?** – *Do you like to act yourself?*

### Ceisteanna / Questions

**1. An maith leat drámaíocht? Cén sórt / saghas?** – *Do you like drama? What sort?*

**Níl aon suim agam i ndrámaíocht.** *I have no interest in drama.*

**Is fuath liom drámaíocht.** *I hate drama.*

**Is aoibhinn liom drámaíocht, go mórmhór** *(especially)* **drámaí le . . .**
William Shakespeare / Samuel Beckett / Tom Stoppard / Martin McDonagh / Conor McPherson / Jennifer Johnston

| | |
|---|---|
| **na drámaí clasaiceacha** | *the classics* |
| **ceoldrámaí** | *musical drama* |
| **geandrámaíocht** | *comic drama* |
| **drámaí culaithirte** | *costume drama* |
| **drámaí Reistiréisin** | *Restoration drama* |
| **drámaíocht ar ala na huaire** | *improvisation* |
| **drámaí nua-scríofa** | *new-writing* |

**2. Cé hé / hí an drámadóir is fearr leat? Cén fáth?** – *Who is your favourite playwright? Why?*

| | |
|---|---|
| **Is é / í . . . an drámadóir is fearr liom mar . . .** | |
| tá sé / sí an-ghreannmhar | *he / she is very funny* |
| is scríbhneoir éirimiúil é / í | *he / she is an intelligent writer* |
| is scríbhneoir intleachtúil é / í | *he / she is an intellectual writer* |
| is scríbhneoir géarchúiseach é / í | *he / she is an astute writer* |
| scríobhann sé / sí drámaí a bhaineann | *he / she writes plays which deal with the life of* |
| le saol an déagóra / saol an lae inniu | *teenagers / life today* |

**Caibidil 6**

**3.** **An bhfuil tú i do bhall de chlub drámaíochta?** – *Are you a member of a drama club?*

Níl.
*I am not.*

Tá. Tá mé i mo bhall de chlub drámaíochta na scoile / de mo chlub áitiúil *(local)*. Glacaim páirt i ndrámaí go rialta *(regularly)*.

**4.** **An maith leat a bheith ag aisteoireacht?** – *Do you like acting?*

Is aoibhinn liom é. Bainim an-taitneamh as a bheith ag aisteoireacht – is cuma *(it doesn't matter)* cén pháirt, beag nó mór.

Ní maith liom a bheith ag aisteoireacht. Is fearr liom a bheith ag obair ar na seiteanna *(working on the sets)* taobh thiar den stáitse *(backstage)* mar bhainisteoir stáitse *(as stage manager)*.

## Nathanna breise / Extra phrases

| | |
|---|---|
| Is féidir le dráma maith léargas nua a thabhairt don lucht féachana ar ábhar, uaireanta ar ábhar conspóideach. | A good play can give the audience a new insight into a subject, sometimes a subject which is controversial. |
| Tugann scileanna aisteoireachta féinmhuinín duit go mórmhór más duine cúthaileach tú. | Acting skills give you self-confidence especially if you are a shy person. |
| Is mór an trua nach bhfuil níos mó drámaí nua-scríofa ar fáil do dhaoine óga. | It is a great pity that there aren't more newly written plays available for young people. |
| Bhain mé an-taitneamh as 'An Triail' le Mairéad Ní Ghráda. Cé gur scéal an-bhrónach é, cheap mé go raibh sé go hiontach mar dhráma. | I really enjoyed the play 'An Triail' by Mairéad Ní Ghráda. Although it was a sad story I thought the play was wonderful. |
| Tugann 'An Triail' léargas iontach dúinn ar an saol in Éirinn sna seascaidí. | 'An Triail' gives us a wonderful insight into life in Ireland in the 1960s. |
| Is aoibhinn liom drámaí le . . . mar baineann siad le saol an lae inniu. | I love the works of . . . because they are relevant to life today. |

## Bua sa Bhéaltriail

> **Leid / Hint**
>
> Ullmhaigh 5–6 líne faoi dhráma Béarla nó Gaeilge a bhfuil staidéar á dhéanamh agat air don Ardteist agus tabhair do thuairimí faoi – an maith leat é, cén fáth, srl.
> *Prepare 5–6 lines on an English or Irish play which you are studying for the Leaving Cert and give your opinions on it – do you like it, why, etc.*

## 4. Cluichí Ríomhaire
### Ceisteanna Treoraithe / Guided Questions

1. An imríonn tú cluichí ríomhaire? – *Do you play computer games?*
2. Inis dom fúthu. – *Tell me about them.*

### Ceisteanna / Questions

**1. An imríonn tú cluichí ríomhaire?** – *Do you play computer games?*

Ní imrím.
Níl suim dá laghad agam (*I haven't the slightest interest*) i gcluichí ríomhaire.

Imrím. Tá mé gafa (*addicted*) le cluichí ríomhaire.
Tá mé an-tógtha leo. *I am really into them.*

**2. Inis dom fúthu.** – *Tell me about them.*

Is féidir cluichí a cheannach agus iad a imirt ar do chonsól (*console*) sa bhaile nó cluiche a imirt ar líne. Tá rogha iontach cluichí ar fáil anois do gach duine idir pháistí agus daoine fásta, mar shampla . . .

| | |
|---|---|
| cluichí aicsin / gníomhaíochta | *action games* |
| cluichí eachtraíochta | *adventure games* |
| cluichí ealaíne | *art games* |
| cluichí carranna | *car games* |
| cluichí oideachasúla | *educational games* |
| cluichí greannmhara / coiméide | *funny games* |
| cluichí puzail | *puzzle games* |
| cluichí spóirt | *sports games* |
| cluichí straitéise | *strategy games* |

## Nathanna breise / Extra phrases

| | |
|---|---|
| Deir an taighde go mbíonn an iomarca foréigin i gcluichí ríomhaire do dhaoine óga agus go mbíonn drochthionchar aige orthu. | According to research there is too much violence in computer games for young people and it has a bad effect on them. |
| Deir daoine eile go gcuireann cluichí ríomhaire go mór le comhordú súl is lámh i ndaoine. | Other people say that computer games improve hand-eye coordination in people. |
| Is féidir le daoine áirithe a bheith gafa le cluichí ríomhaire go tapaidh agus bíonn drochthionchar aige sin ar a saol sóisialta. Caitheann siad a gcuid ama ar líne agus ní théann siad amach. | Some people can become addicted to computer games very quickly and it can affect their social lives. They spend all their time online and don't go out. |
| Caithfear a bheith cúramach leis seo. | One has to be careful of this. |
| Mar a deir an seanfhocal, 'Bíonn dhá insint ar gach scéal' – tá buntáistí agus míbhuntáistí ag baint le cluichí ríomhaire. | As the proverb says, 'There are two sides to every story' – there are advantages and disadvantages to computer games. |
| Tá réimse maith cluichí oideachasúla ar fáil chomh maith le cluichí siamsaíochta. | There is a wide range of educational games available as well as entertainment. |
| Ba chóir do thuismitheoirí súil a choimeád ar a bpáistí agus smacht a choimeád i gcónaí ar na rudaí a dhéanann siad ar líne. | Parents should keep an eye on their children and always control what they do online. |
| Ní gá rialacha a bheith ann do dhaoine fásta. Ní maith liom cinsireacht. Mairimid i sochaí dhaonlathach. | Rules are not necessary for adults. I don't like censorship. We live in a democratic society. |
| Ar aon nós, tá sé dodhéanta smacht a bheith againn ar an idirlíon – sin ceann de na míbhuntáistí a bhaineann leis. | Anyway, it is impossible for us to control the internet – that is one of the disadvantages associated with it. |

**Cad é an cluiche is fearr leat? Inis dom faoi.**
What is your favourite game? Tell me about it.

Traic 12

### Freagra samplach

Is maith liom cluichí spóirt FIFA. Tá rogha mhaith cluichí ar fáil *(available)*. Is féidir leat na himreoirí is fearr ar domhan *(best players in the world)* a cheannach agus foireann a chruthú *(create a team)*. Ansin, is féidir leat cluichí a imirt agus duaiseanna a bhuachan *(win prizes)*.

Is aoibhinn liom na cluichí seo mar tá an-suim agam sa sacar.

# 5. Suíomhanna Sóisialta
## Ceisteanna Treoraithe / Guided Questions

1. An úsáideann tú suíomhanna meán sóisialta? – *Do you use social media sites?*
2. Cén suíomh nó suíomhanna is mó a úsáideann tú? – *What site(s) do you use the most?*
3. Cé chomh minic is a úsáideann tú iad? – *How often do you use them?*
4. An úsáideann do thuistí suíomhanna sóisialta? – *Do your parents use social media sites?*
5. Cad iad na buntáistí is na míbhuntáistí a bhaineann leis na suíomhanna? – *What are the advantages and disadvantages of the sites?*

## Ceisteanna / Questions

**1. An úsáideann tú suíomhanna meán sóisialta?** – *Do you use social media sites?*

Cinnte! Sílim go n-úsáideann beagnach gach duine óg suíomh sóisialta de shaghas éigin na laethanta seo.
*Sure! I think nearly every young person uses a social network site these days.*

**2. Cén suíomh nó suíomhanna is mó a úsáideann tú?** – *What site(s) do you use the most?*

Úsáidim Facebook agus roinnt suíomh eile ar nós Twitter, Instagram agus Snapchat.
*I use Facebook and some other sites, like Twitter, Instagram and Snapchat.*

Úsáidim Skype freisin chun labhairt le mo dhearthair atá ina chónaí san Astráil.
*I also use Skype to speak to my brother who is living in Australia.*

**3. Cé chomh minic is a úsáideann tú iad? Cad a dhéanann tú orthu?**
*How often do you use them? What do you do on them?*

Téim ar Facebook gach lá chun teagmháil a dhéanamh le mo chairde, go mórmhór mo chairde nach bhfuil sa scoil seo liom.
*I go on Facebook every day to keep in touch with my friends, especially my friends who are not in this school with me.*

Roinnim grianghraif agus comhaid cheoil.
*I share photographs and music files.*

Úsáidim Facebook Messenger freisin chun teachtaireachtaí a fhágáil do mo chairde.
*I use Facebook Messenger also to leave messages for my friends.*

Is maith liom Twitter freisin mar tá sé an-tapaidh ach níl aon phríobháideachas air. Is féidir le gach duine do chuid tuíteanna a léamh – fiú do thuismitheoirí agus do mhúinteoirí!
*I like Twitter also because it is very fast but there is no privacy on it. Everyone can read your tweets – even your parents and teachers!*

**Tá na haipeanna WhatsApp, WeChat agus Viber ar m'fhón póca freisin. Mar sin is féidir liom glaoch a chur ar mo chairde nó teachtaireacht nó grianghraf a chur chucu agus mé as baile.**
*I have the WhatsApp, WeChat and Viber apps on my mobile phone. So I can call my friends or send them a text or photo when I'm out.*

**4. An úsáideann do thuistí suíomhanna sóisialta?** – *Do your parents use social media sites?*

**'Sea, úsáideann siad. Creid é nó ná creid, tá leathanach Facebook ag mo mham agus mo dhaid. Deir siad go n-úsáideann siad é chun a bheith i dteagmháil le gaolta nach bhfeiceann siad go minic.**
*Yes, they do. Believe it or not, my mum and dad have Facebook pages. They say they use them to keep in touch with relations whom they don't see often.*

**Tá leathanach LinkedIn ag an mbeirt acu freisin.**
*The two of them have LinkedIn pages too.*

**Úsáideann an chlann go léir Skype.**
*The whole family uses Skype.*

**Bíonn mo Mham i gcónaí ar Twitter ag gearán faoi dhrochstaid na tíre!**
*My mum is forever on Twitter complaining about the state of the country!*

**5. Cad iad na buntáistí is na míbhuntáistí a bhaineann leis na suíomhanna?**
*What are the advantages and disadvantages of the sites?*

**Bhuel, is féidir le duine fanacht i dteagmháil le clann agus cairde aon áit ar domhan, am ar bith. Sin buntáiste mór. Agus tá na suíomhanna ar fad saor in aisce!**
*Well, you can keep in touch with family and friends anywhere in the world, anytime. That's a big advantage. And the sites are all free of charge.*

**Tá Skype agus Viber go hiontach mar is féidir leat an duine a fheiceáil freisin.**
*Skype and Viber are wonderful because you can see the person as well.*

**Is féidir gach rud a dhéanamh an-tapaidh, mar shampla grianghraif a roinnt. Tá sé an-spontáineach!**
*You can do everything really quickly, for example share photographs. It is very spontaneous!*

**Ar an taobh eile den scéal, uaireanta ní maith an rud é a bheith ró-spontáineach mar is feidir leat rudaí seafóideacha a roinnt!**
*On the other hand, sometimes it's not good to be too spontaneous, because you can share stupid things.*

**Deirtear go mbíonn gach rud ar an idirlíon go deo, fiú má scriosann tú é! Cuireann sé sin eagla orm!**
*It is said that everything is on the internet forever, even if you delete it. That's scary!*

# Bua sa Bhéaltriail

## Nathanna breise / Extra phrases

| | |
|---|---|
| Ní gá d'aon duine a bheith uaigneach a thuilleadh mar is féidir leo labhairt le daoine ar fud an domhain ar shuíomhanna sóisialta. | No one needs to be lonely anymore because they can talk to people all over the world on social media sites. |
| Is iontach na rudaí iad suíomhanna sóisialta do shaol an lae inniu nuair atá na mílte Éireannach ag dul ar imirce ar fud an domhain arís. | Social media sites are great for today's world when thousands of Irish people are emigrating all over the world again. |
| Is áis iontach iad na suíomhanna sóisialta do lucht an ghnó freisin mar tugann siad deiseanna fógraíochta go laethúil ar fud an domhain. | Social media sites are a great facility for business people as well because they can advertise worldwide every day. |
| Uaireanta baintear mí-úsáid as suíomhanna sóisialta, mar shampla an cluiche 'Neknominate' a chuireann brú ar dhaoine alcól a ól go tapaidh agus ansin rud éigin neamhghnách a dhéanamh. Fuair roinnt daoine bás nuair a rinne siad rud éigin dainséarach agus iad ar meisce. | Sometimes social sites are misused, for example the game 'Neknominate' which puts pressure on people to drink alcohol quickly and then do something unusual. A number of people died when they did something dangerous when they were drunk. |
| Uaireanta déantar bulaíocht ar shuíomhanna sóisialta go mórmhór ar dhaoine óga. Tá sé níos measa ná cineálacha eile bulaíochta mar is féidir ráflaí a scaipeadh an-tapaidh. | Social media sites are sometimes used to bully people, especially young people. It is worse than other types of bullying because you can spread rumours very fast. |

**Caibidil 6**

### Ceachtanna Foclóra / Vocabulary exercises

**Cuir Gaeilge ar na habairtí seo a leanas:**

1. I like to listen to music when I'm studying. _____

2. Unfortunately, I am not musical and I don't play any instrument. _____

3. I love music. As the proverb says . . . (insert an appropriate proverb). _____

4. I started to learn the guitar last year but I'm not very good and, as the proverb says . . . (insert an appropriate seanfhocal). _____

5. Young people buy their music from iTunes online or they have the Spotify app on their phones. _____

6. I love to dance. I go to classes every week and would love to be a professional dancer. _____

7. I am not a good dancer. As they say, I have 'two left feet' *(dhá chos chlé)*. I am better at playing football/singing. _____

8. There are advantages and disadvantages to computer games. As the proverb says . . . (insert an appropriate proverb) _____

9. Some people worry about the effect of violence in computer games on children. _____

10. One cannot control the internet so parents need to keep an eye on what their children are doing online. _____

11. Nearly every young person uses social media sites today. _____

12. I use social media sites on my laptop and on my mobile phone to keep in touch with my friends and to share photographs and music. _____

13. A person can keep in touch with family and friends all over the world free of charge – that is a big advantage of social media sites. _____

14. Social media sites can be misused too, for example to bully people or to put pressure on people to do dangerous or stupid things. _____

15. There is a wide range of social media sites today for young people and adults. _____

# Bua sa Bhéaltriail

> ### Leid / Hint
>
> Ná déan dearmad nach gá an fhírinne ghlan a insint sa bhéalscrúdú. Mura bhfuil mar chaitheamh aimsire agat ach 'ag guairdeall thart' roghnaigh ceann nó dhó de na caitheamh aimsire thuas agus lig ort! Go n-eirí leat!
>
> *Remember you do not have to tell 'the whole truth and nothing but the truth' in your oral exam. If you don't have any particular hobby except to 'chill' or 'hang about' choose one or two of the pastimes mentioned above and pretend!*
> *Good luck!*

## Do scéal féin / Your personal answer

Scríobh d'fhreagra pearsanta ar do rogha de na ceisteanna thíos. Ansin tabhair do do mhúinteoir é chun é a cheartú.

*Write your personal answer to your choice of the questions below. Then give it to your teacher for correction.*

(a) An bhfuil suim agat i gceol? / An maith leat ceol?
(b) An maith leat a bheith ag damhsa?
(c) An imríonn tú cluichí ríomhaire?
(d) An úsáideann tú suíomhanna sóisialta?

_____
_____
_____
_____
_____
_____
_____
_____
_____
_____
_____
_____
_____
_____
_____
_____
_____
_____
_____
_____

### Fócas ar an Scrúdú / Exam Focus

**Cleachtadh a dhéanann máistreacht! Ceartaigh aon bhotúin a rinne tú agus athscríobh do chuntas ar an leathanach cuí ag deireadh an leabhair seo é. Cleachtaigh go rialta é.**

*Practice makes perfect! Correct any mistakes you made and rewrite your account on the appropriate page at the end of this book. Practise it regularly.*

# Caibidil 7
## Mo Shaol tar éis na Scoile / My Life after School

Sa chaibidil seo foghlaimeoidh tú conas labhairt faoin slí bheatha a theastaíonn uait tar éis duit an scoil a fhágáil.

*In this chapter you will learn how to talk about the career you would like to have after school.*

- **Teideal an phoist** – *the job title*
- **Na cáilíochtaí atá ag teastáil** – *the necessary qualifications*
- **Pointí san Ardteist, agallamh nó fillteán tionscadail** – *Leaving Certificate points, an interview or a portfolio*
- **An coláiste nó ollscoil a chuireann an cúrsa ar fáil** – *the college or university which provides the course*
- **Fad agus costas an chúrsa** – *the length and cost of the course*
- **Na saintréithe pearsanta a bheidh ag teastáil don phost** – *the personal characteristics needed for the job*
- **An fáth go dteastódh an tslí bheatha sin uait** – *the reason you would like that career*
- **Na buntáistí is na míbhuntáistí is mó faoi do rogha slí bheatha** – *the main advantages and disadvantages of your chosen career*

## Ceisteanna Treoraithe / Guided Questions

1. **Cén post / jab / tslí bheatha ar mhaith leat tar éis an scoil a fhágáil?** – *What job / career would you like after leaving school?*
2. **Cén fáth ar mhaith leat an post sin?** – *Why would you like that job?*
3. **An bhfuil aon taithí agat ar an sórt sin oibre?** / *Have you any experience of that type of work?*
4. **An gá pointí a fháil san Ardteist? Cé mhéad?** – *Do you need points in the Leaving Certificate for it? How many?*
5. **An gá duit dul faoi agallamh nó fillteán tionscadail a ullmhú?** – *Is it necessary for you to do an interview or prepare a portfolio of work?*
6. **An gá duit printíseacht a dhéanamh?** – *Do you have to do an apprenticeship?*
7. **Cén coláiste nó ollscoil a chuireann an cúrsa ar fáil?** – *What college or university provides the course?*
8. **Cá fhad a mhaireann an cúrsa?** – *How long is the course?*
9. **Cad é táille cláraithe an choláiste?** – *How much is the college registration fee?*
10. **Cén post a bheidh agat tar éis duit céim a bhaint amach?** – *What job will you have after graduation?*
11. **Cad iad na tréithe pearsanta atá ag teastáil don phost sin, dar leat?** – *What personality traits are necessary for that job, in your opinion?*
12. **An bhfuil na saintréithe sin agat?** – *Do you have those traits?*
13. **Cad iad na buntáistí agus na míbhuntáistí is mó faoin bpost?** – *What are the main advantages and disadvantages of the job?*

# Caibidil 7

## Ceisteanna / Questions

1. **Céard ba mhaith leat a dhéanamh tar éis na hArdteiste?**
   *What would you like to do after the Leaving Cert?*

   nó

2. **Cén post / jab / tslí bheatha ar mhaith leat tar éis duit an scoil a fhágáil?**
   *What job / career would you like after leaving school?*

   **Faraor, níl tuairim dá laghad agam go fóill.**
   *Unfortunately, I have no idea yet.*

   **Nílim / Níl mé róchinnte ach tá mé ag smaoineamh ar . . .**
   *I'm not sure but I'm thinking about . . .*

   **Ba mhaith liom a bheith i mo / m' . . .**
   *I would like to be a / an . . .*

|  |  |
|---|---|
| ailtire | architect |
| ealaíontóir | artist |
| fear gnó / bean ghnó | businessman / woman |
| cláraitheoir ríomhaire | computer programmer |
| abhcóide | barrister / solicitor |
| siúinéir | carpenter |
| fiaclóir | dentist |
| dochtúir | doctor |
| leictreoir | electrician |
| innealtóir | engineer |
| feirmeoir | farmer |
| garraíodóir | gardener |
| iriseoir | journalist |
| dlíodóir | lawyer |
| meicneoir | mechanic |
| ceoltóir | musician |
| altra | nurse |
| poitigéir | pharmacist |
| fisiteiripeoir | physiotherapist |
| píolóta | pilot |
| pluiméir | plumber |
| polaiteoir | politician |
| siceolaí | psychologist |
| siopadóir | shopkeeper |
| oibrí sóisialta | social worker |
| socheolaí | sociologist |
| máinlia | surgeon |
| tiománaí tacsaí / bus | taxi / bus driver |
| múinteoir | teacher |
| tréidlia | vet |

Muna bhfuil do shlí bheatha anseo téigh go www.focal.ie/www.irishdictionary.ie

# Bua sa Bhéaltriail

**3. Cén fáth ar mhaith leat an post sin?** – *Why would you like that job?*

Ba mhaith liom an post sin mar …

**Is post dúshlánach / suimiúil / comhlíontach é.** *It is a challenging / interesting / fulfilling job.*

**Is . . . í mo mháthair / é m'athair agus ba mhaith liom a lorg a leanúint.**
*My mother / father is a . . . and I would like to follow in her / his footsteps.*

**Ba mhaith liom a bheith ag obair le páistí / daoine óga / hainmhithe.**
*I would like to work with children / young people / animals.*

**Ba mhaith liom cabhrú le daoine atá breoite.** *I would like to help sick people.*

**Ba mhaith liom a bheith ag obair amuigh faoin aer.** *I would like to work outdoors.*

**B'fhuath liom a bheith ag obair in oifig.** *I would hate to work in an office.*

**Tá an tuarastal go maith agus ba mhaith liom a bheith saibhir!**
*The salary is good and I would like to be rich!*

**Ba mhaith liom an domhan a thaisteal agus thabharfadh an post seo seans dom é sin a dhéanamh.**
*I would like to travel the world and this job would give me the chance to do that.*

**Ba mhaith liom a bheith ag obair leis an bpobal.**
*I would like to work with the public.*

**Ba mhaith liom muintir na tíre a chosaint.**
*I would like to protect the people of the country.*

**Ba mhaith liom a bheith i gceannas ar mo shaol féin – níor mhaith liom bas (ceannasaí) a bheith agam.**
*I would like to be in charge of my own life – I don't want to have a boss.*

**Sílim gur post tábhachtach é an chéad ghlúin eile a mhúineadh.**
*I think it is an important job to teach the next generation.*

**Is maith liom a bheith ag obair le mo lámha.** *I like to work with my hands.*

**Tá suim agam i gcarranna ó bhí mé an-óg.** *I have been interested in cars since I was very young.*

**Tá suim agam i bhfoirgnimh agus is obair an-chruthaitheach é.**
*I am interested in buildings and it is very creative work.*

**Tá an-suim agam sa pholaitíocht ó bhí mé an-óg. Tá mé cosúil le mo dhaid / mham.**
*I have been very interested in politics since I was very young. I am like my dad / mum.*

**4. An bhfuil aon taithí agat ar an sórt sin oibre?** – *Have you any experience of that type of work?*

**Faraor, níl, ach sílim go dtaitneodh sé liom / go mbeadh sé go deas.**
*Unfortunately, no, but I think that I would like it / that it would be nice.*

**Níl go fóill, ach tá post samhraidh faighte amach ag obair le/i . . .**
*I don't have yet, but I have a summer job working with/in . . .*

**Tá. Bhí post páirtaimseartha agam an bhliain seo caite ag obair le/i . . .**
*Yes. I had a part-time job last year working with/in . . .*

**Tá. Nuair a bhí mé san Idirbhliain fuair mé taithí oibre ag obair le/i . . . agus thaitin sé go mór liom. Tá mé tógtha leis ó shin.**
*Yes. When I was in Transition Year I got work experience working with / in . . . and I really enjoyed it. I have been taken with it ever since.*

**5. An gá pointí a fháil san Ardteist? Cé mhéad?**
*Do you need points in the Leaving Certificate for it? How many?*

**Ní gá aon phointí a fháil san Ardteist ach beidh orm dul faoi agallamh agus/nó fillteán tionscadail a dhéanamh.**
*You do not need any points in the Leaving Cert but I will have to go for interview and/or present a portfolio of my work.*

**Is gá . . . pointe a fháil san Ardteist.**

deich / fiche / tríocha / daichead / caoga / seasca / seachtó / ochtó / nócha…a cúig
céad / dhá chéad / trí chéad / ceithre chéad / cúig chéad / sé chéad.

dhá chéad ochtó a cúig 285
trí chéad caoga a cúig 355

**Beidh orm oibriú go dian ach tá súil agam go bhfaighidh mé na pointí.**
*I will have to work hard but I hope to get the points.*

**Tá mé ag déanamh gach ábhar ag Ardleibhéal agus tá súil agam . . . pointe a ghnóthú.**
*I am doing every subject at Higher Level and I hope . . . to get points.*

**Tá mé ag déanamh gach ábhar ag Ardleibhéal ach amháin . . . Tá mé ag tnúth le . . . pointe a fháil.**
*I am doing every subject at Higher Level except . . . I hope to get . . . points.*

**Beidh orm scrúdú eile darb ainm 'na H-Pats' a dhéanamh freisin. Is scrúdú é do dhaoine ar mhaith leo céim leighis a bhaint amach ach go háirithe.**
*I will have to do another exam also called the 'H-Pats'. It only applies to those who want to do medicine.*

# Bua sa Bhéaltriail

**6. An gá duit dul faoi agallamh nó fillteán tionscadail a ullmhú?**
*Is it necessary for you to do an interview or prepare a portfolio of work?*

**Ní gá dul faoi agallamh nó fillteán tionscadail a ullmhú. Braitheann an cúrsa go hiomlán ar phointí san Ardteist.**
*It is not necessary to go for interview or prepare a portfolio of work. Entry to the course depends entirely on points in the Leaving Cert.*

**'Sea, is gá fillteán tionscadail a ullmhú agus dul faoi agallamh. Tá mé neirbhíseach faoi ach tá súil agam go n-éireoidh liom áit a fháil ar mo rogha cúrsa.**
*Yes, I do need to prepare a portfolio and do an interview. I am nervous about it but I hope that I will succeed in getting a place on my chosen course.*

**7. An gá duit printíseacht a dhéanamh?** – *Do you have to do an apprenticeship?*

**Is gá. Tá súil agam printíseacht a dhéanamh le . . .**
*Yes (it is necessary). I hope to do an apprenticeship with . . .*

**8. Cén coláiste nó ollscoil a chuireann an cúrsa ar fáil?**
*What college or university provides the course?*

**Cuirtear an cúrsa ar fáil i . . .**
*The course is provided/available in . . .*

| | |
|---|---|
| ollscoil | university |
| coláiste | college |
| Institiúid Teicneolaíochta X | X Institute of Technology |
| An Coláiste Traenála do Bhunmhúinteoirí | Teacher Training College |
| | |
| Coláiste na hOllscoile Baile Átha Cliath | UCD |
| Coláiste na hOllscoile Corcaigh | UCC |
| Coláiste na hOllscoile Luimneach | UCL |
| Coláiste na hOllscoile Gaillimh | UCG |
| Coláiste na Tríonóide | TCD |
| Coláiste na hOllscoile Chathair Átha Cliath | DCU |
| Coláiste na Banríona, Béal Feirste | Queens University Belfast |
| thar lear | abroad |

**9. Cá fhad a mhaireann an cúrsa?** – *How long is the course?*

**Maireann an cúrsa ar feadh 3 / 4 / 5 / 6 bliana.**
*The course lasts 3 / 4 / 5 / 6 years.*

**10. Cad é táille cláraithe an choláiste?** – *How much is the college registration fee?*

**Sílim go bhfuil táille cláraithe timpeall . . . mhíle euro le híoc.**
*I think there is a registration fee of about . . . thousand euro to be paid.*

**11. Cén post a bheidh agat tar éis duit céim a bhaint amach?**
*What job will you have after graduation?*

**Ba mhaith liom post a fháil le . . .**
*I would like to get a job with . . .*

| | |
|---|---|
| **comhlacht ailtireachta** | *architectural company* |
| **comhlacht ríomhaire** | *computer company* |
| **comhlacht tógála** | *building company* |
| **comhlacht dlí** | *law firm* |
| **comhlacht teilifíse** | *television company* |
| **nuachtán náisiúnta** | *national newspaper* |

**Ba mhaith liom mo chomhlacht féin a bhunú.**
*I would like to set up my own company.*

**Ba mhaith liom oibriú mar . . .**
*I would like to work as a . . .*

| | |
|---|---|
| **shaorealaíontóir** | *freelance artist* |
| **shaorcheoltóir** | *freelance musician* |
| **shaorgharraíodóir** | *freelance gardener / landscaper* |
| **shaoririseoir** | *freelance journalist* |
| **thiománaí tacsaí** | *taxi driver* |

**Ba mhaith liom a bheith ag obair . . .**
*I would like to work . . .*

| | |
|---|---|
| **in ospidéal** | *in a hospital* |
| **i gclinic leighis / tréidliachta / fiaclóra** | *in a medical / veterinary / dental clinic* |
| **i réamhscoil / i mbunsoil / i meánscoil** | *in a pre-school / primary / secondary school* |

**12. Cad iad na tréithe pearsanta atá ag teastáil don phost sin, dar leat?**
*What personality traits are necessary for that job, in your opinion?*

**Caithfidh suim a bheith agat i . . .**  *You must have an interest in . . .*

**Caithfidh tú a bheith . . .**  *You must be . . .*

| | |
|---|---|
| **foighneach** | *patient* |
| **díograiseach** | *hardworking* |
| **cruthaitheach** | *creative* |

**13. An bhfuil na saintréithe sin agat?** – *Do you have those traits?*

**Tá súil agam go bhfuil.**
*I hope I have.*

## Bua sa Bhéaltriail

**Sílim go bhfuil. Deirtear liom gur duine . . . mé.**
*I think I have. People say that I am a / an . . . person.*

| | | | |
|---|---|---|---|
| **acadúil** | *academic* | **ealaíonta** | *artistic* |
| **cainteach** | *chatty/talkative* | **gealgháireach** | *cheerful* |
| **cruthaitheach** | *creative* | **fiosrach** | *curious* |
| **drámatúil** | *dramatic* | **cairdiúil** | *friendly* |
| **díograiseach** | *hard-working* | **cineálta** | *kind* |
| **ceolmhar** | *musical* | **foighneach** | *patient* |
| **praiticiúil** | *practical* | **sóisialta** | *sociable* |
| **spórtúil** | *sporty* | **tuisceanach** | *understanding* |

**14. Cad iad na buntáistí agus na míbhuntáistí is mó faoin bpost, dar leat?**
*What are the main advantages and disadvantages of the job, do you think?*

**Bhuel, is dóigh liom gurb iad na buntáistí is mó ná . . .**
*Well, I suppose the biggest advantages are . . .*

> **gur post suimiúil / dúshlánach / comhlíontach / sóisialta é.**
> *it is an interesting / challenging / fulfilling / sociable job.*

> **Beidh seans agam taisteal.** — *I will have a chance to travel.*

> **Tá an tuarastal / pá go maith.** — *The salary / pay is good.*

> **Tá saoirse ag baint leis an bpost.** — *There is a freedom associated with the job.*

**Is dócha gurb iad na míbhuntáistí is mó ná . . .**

> **go bhfuil a lán struis / brú ag baint leis an bpost.** — *there is a lot of stress in the job.*

> **Níl an pá go maith.** — *The pay is not good.*

> **Bheadh 'bas' nó ceannasaí agam.** — *I would have a boss.*

> **Ní bheinn neamhspleách.** — *I would not be independent.*

## Nathanna breise / Extra phrases

| | |
|---|---|
| Deir mo mham go mbeinn i mo dhlíodóir iontach mar bím de shíor ag argóint! | My mum says that I would be a great lawyer because I am constantly arguing! |
| Cuireann córas na bpointí an-bhrú agus strus ar dhaltaí. B'fhearr go mór measúnú leanúnach. | The points system puts a lot of pressure and stress on students. Continuous assessment would be much better. |
| Is é mo thuairim go gcaithfear níos mó béime a chur ar scileanna ríomhaire agus cumarsáide ar scoil chun na daltaí a réiteach do shaol na hoibre. | It is my opinion that more emphasis must be put on computer and communication skills in school to prepare students for the world of work. |
| Is mór an trua go gcaithimid an oiread sin airgid ar oideachas den scoth a chur ar dhaltaí agus ansin nuair a bhíonn siad cáilithe téann siad ar imirce. | It is a terrible pity that so much money is spent providing an excellent education for students and then they emigrate when they are qualified. |
| Deir an seanfhocal 'Is maith an t-oide an teip' ach tá súil agam nach bhfoghlaimeoidh mé an ceacht sin mar tá mé ag obair go han-dian! | The proverb says 'Failure is a good teacher' but I hope I don't learn that lesson as I am working very hard. |
| In ainneoin na lochtanna ar fad creidim go bhfuil córas oideachais an-mhaith againn sa tír seo. | In spite of all its faults, I believe that we have a very good educational system in this country. |

## Seanfhocail oiriúnacha / Suitable proverbs

| | |
|---|---|
| Caitheann síor-shileadh an chloch. | Continuous weathering wears the rock down. |
| Ní bhíonn an rath ach mar a mbíonn an smacht. | There is no success without discipline. |
| Is maith an t-oide an teip. | Failure is a good teacher. |
| Ní bhíonn bua gan dua. | There isn't any victory without effort. |

# Bua sa Bhéaltriail

## Ceachtanna Foclóra / Vocabulary exercises

**Cuir Gaeilge ar na habairtí seo a leanas:**

1. I would like to go to college and do a science degree after my Leaving Cert. I will need a lot of points so I am working hard. As the proverb says . . . (cuir isteach an seanfhocal cuí).
   _____
   _____.

2. I have no idea what I would like to do in the future. My teacher says that I would make a good barrister because I am always arguing! _____
   _____
   _____.

3. I am not sure yet what I would like to do after the Leaving Cert but I have always had an interest in art so maybe I will do a degree in art in the National College of Art and Design.
   _____
   _____.

4. I have always been interested in business and I would like to be rich. I am going to do a business degree and then set up my own company. _____
   _____
   _____.

5. People say that I am a hard-working, patient, kind person and that I would make a good nurse, doctor or psychologist. _____
   _____
   _____.

6. My parents are farmers and I would like to work on the farm with them after my Leaving Cert. I might do a degree in agricultural science. _____
   _____
   _____.

7. I would hate to work in an office. I want to work outdoors and am planning to set up my own company as a freelance landscape gardener. _____
   _____
   _____.

8. I do not want to go to college. I am going to get an apprenticeship with a local plumber as I really want to be a plumber and I will make a lot of money.
   _____
   _____.

9. I want to travel the world so I am going to train as a pilot. There are not many jobs for pilots in Ireland so I will have to emigrate. _____
   _____
   _____.

**Caibidil 7**

10. Believe it or not, I would like to be a politician because, despite its faults, I think the political system is important and I would like to work with the public. _____
_____
_____.

**Céard ba mhaith leat a dhéanamh tar éis na hArdteiste?**
*What would you like to do after the Leaving Certificate?*

Traic 13

## Freagra samplach

Ba mhaith liom a bheith i m'iriseoir. Is breá liom a bheith ag léamh is ag scríobh. Tá suim agam sa phost sin ó bhí mé an-óg. Nuair a bhí mé san Idirbhliain rinne mé taithí oibre leis an *Irish Independent* agus bhain mé an-taitneamh as. Tá ceithre chéad tríocha a cúig phointe ag teastáil san Ardteist. Tá mé ag staidéar go dian agus ag déanamh cúig ábhar ag ardleibhéal. Mar sin tá súil agam go bhfaighidh mé na pointí. Ba mhaith liom dul go dtí Ollscoil Chathair Átha Cliath agus céim a bhaint amach san iriseoireacht.

Maireann an cúrsa céime ar feadh trí bliana. Ina dhiaidh sin ba bhreá liom post a fháil mar iriseoir le nuachtán. Beidh an post dúshlánach agus suimiúil agus sílim go bhfuil an tuarastal ceart go leor. Sílim féin go bhfuil na saintréithe riachtanacha *(necessary characteristics)* agam don phost – tá suim agam i ngach sórt cúrsaí reatha *(current affairs)* agus is duine fiosrach *(curious)*, foighneach *(patient)*, díograiseach *(hard-working)* mé. Ba mhaith liom a bheith ag obair i mBaile Átha Cliath ar feadh cúpla bliain ach ba mhaith liom taisteal freisin, agus b'fhéidir go rachaidh mé go dtí Washington, Meiriceá ar feadh tamaillín mar tá an-suim agam i gcúrsaí polaitíochta.

### Leid / Hint

Muna bhfuil tú cinnte go fóill cén post ar mhaith leat, roghnaigh post éigin, déan taighde air agus lig ort sa scrúdú. Tá sé níos fearr freagra a bheith ullmhaithe agat ná 'níl a fhios agam' a rá.
*If you are still unsure about your chosen career, choose a job, research it and pretend on the day of the exam. It is better to have an answer prepared than to reply 'I don't know'.*
**Go n-éirí leat!** *Good Luck!*

### Do scéal féin / Your personal answer

Anois, freagair an cheist seo thíos go pearsanta. Tabhair do do mhúinteoir é chun é a cheartú.
'Céard ba mhaith leat a dhéanamh tar éis na hArdteiste?'

_____
_____
_____
_____
_____
_____

### Fócas ar an Scrúdú / Exam Focus

Cleachtadh a dhéanann máistreacht! Ceartaigh aon bhotúin a rinne tú agus athscríobh do chuntas ar an leathanach cuí ag deireadh an leabhair seo. Cleachtaigh go rialta é.

*Practice makes perfect! Correct any mistakes you made and rewrite your account on the appropriate page at the end of this book. Practise it regularly.*

# Caibidil 8
## Saol an Duine Óig Inniu / The Life of the Young Person Today

Sa chaibidil seo foghlaimeoidh tú conas labhairt faoi do shaol agus faoi shaol an duine óig inniu.
*In this chapter you will learn how to talk about your life and the life of the young person today.*

- Brú ó chóras na bpointí – *pressure from the points system*
- Piarbhrú, cibearbhulaíocht agus fadhbanna sóisialta eile – *peer pressure, cyberbullying and other social problems*
- An teicneolaíocht i do shaol – *technology in your life*
- Na buntáistí is na míbhuntáistí a bhaineann le saol an duine óig inniu – *the advantages and disadvantages of the young person's life today*

### Ceisteanna Treoraithe / Guided Questions

1. An dóigh leat go gcuireann córas na bpointí brú ar dhaltaí? – *Do you think that the points system puts pressure on students?*
2. An bhfuil a lán piarbhrú ar dhaoine óga inniu maidir le halcól agus drugaí? – *Is there a lot of peer pressure today on young people in relation to alcohol or drugs?*
3. An dóigh leat gur fadhb mhór í an chibearbhulaíocht do dhaoine óga inniu? – *Do you think that cyberbullying is a big problem for young people today?*
4. Inis dom faoin teicneolaíocht i do shaol. – *Tell me about technology in your life.*
5. Cad iad na buntáistí is na míbhuntáistí is mó a bhaineann le saol an duine óig inniu? – *What are the main advantages and disadvantages of the young person's life today?*

### Ceisteanna / Questions

**1. An dóigh leat go gcuireann córas na bpointí brú ar dhaltaí?**
*Do you think the points system puts pressure on students?*

- **Sílim go gcuireann.** *I think it does.*

| | |
|---|---|
| Bíonn daltaí ag obair ó dhubh go dubh. | *Students work from morning till night.* |
| Tá seacht n-ábhar le staidéar againn. | *We have to study seven subjects.* |
| Tá na cúrsaí an-fhada agus uaireanta an-deacair. | *The courses are very long and sometimes very difficult.* |
| Bíonn pointí arda ag teastáil do roinnt cúrsaí ollscoile. | *High points are needed for some university courses.* |

# Bua sa Bhéaltriail

| | |
|---|---|
| Tá roinnt daltaí ann agus bíonn siad an-neirbhíseach lá an scrúdaithe. Sílim go mbeadh measúnú leanúnach i bhfad níos fearr agus níos cineálta. | There are some students who get very nervous on the day of the exam. I think that continuous assessment would be much better and kinder. |

- **Ní bhíonn brú mór ar gach dalta.**
  *The pressure isn't great on all students.*

| | |
|---|---|
| Tá roinnt daltaí ann nach bhfuil a lán pointí ag teastáil uathu. Mar sin, níl brú mór orthu. | There are some students who don't need a lot of points. So there isn't a lot of pressure on them. |
| Uaireanta déanann dalta agallamh nó fillteán tionscadail nó printíseacht agus laghdaíonn sé sin an brú ó chóras na bpointí. | Sometimes a student does an interview or portfolio or apprenticeship and that reduces the stress of the points system on them. |
| Tá rogha leathan cúrsaí ar fáil i gcoláistí difriúla anois. Mar sin, níl brú mór ar dhaltaí. | There is a wide choice of courses available in different colleges now. Therefore, there is not a lot of pressure on students. |
| Tá roinnt daltaí ann atá an-réchúiseach – ní bhíonn siad faoi bhrú riamh! | There are some students who are very relaxed – they are never under pressure! |

- **Ní dóigh liom go bhfuil daoine óga faoi bhrú, dáiríre.**
  *I don't think young people are under pressure really.*

| | |
|---|---|
| Tá trí Ardteist ar fáil: An Ardteist thraidisiúnta, Clár Gairmiúil na hArdteist (LCVP) agus an Ardteist Fheidhmeach (LCA). Mar sin tá cúrsa ar fáil do gach sórt dalta. | There are three Leaving Certs available: the traditional Leaving Cert, the Leaving Cert Vocational Programme and the Leaving Certificate Applied (LCA). So there is a course for all types of student. |
| Dar liomsa, níl aon ghá le brú mar tá na céadta cúrsa ar fáil i gcoláistí agus institiúidí ar fud na tíre, agus fiú ar fud na hEorpa. | In my opinion, there is no need for pressure because there are hundreds of courses available in colleges and institutes all over the country, and even all over Europe. |

**Caibidil 8**

## Nathanna breise / Extra phrases

| | |
|---|---|
| Cuireann roinnt tuistí brú ollmhór ar a bpáistí pointí arda a fháil. | Some parents put huge pressure on their children to get high points. |
| Bíonn imní ar dhaltaí go gcuirfidh siad díomá ar a dtuistí. | Students worry that they will disappoint their parents. |
| Sílim gur seafóid é go bhfuil daltaí faoi bhrú. Blianta ó shin bhíodh daltaí ag obair go páirtaimseartha agus ag staidéar ag an am gcéanna. | I think it is nonsense that students are under pressure. Years ago students used to have part-time jobs and study at the same time. |

## Ceachtanna foclóra / Vocabulary exercises

**Cuir Gaeilge ar na habairtí seo a leanas:**

1. The points system puts a lot of pressure on students. _____.

2. I think that continuous assessment would be much better and kinder. _____.

3. High points are needed for some courses but some students do interviews, a portfolio or the H-Pats and that reduces the pressure on them. _____.

4. Some courses need very high points and students work from morning till night to get them. _____.

5. Some parents and teachers put a lot of pressure on young people. _____.

6. There are three sorts of Leaving Cert available now so there is a course for all students – academic students and practical students. _____.

7. There is a wide choice of courses available now in Ireland and all over Europe. _____.

8. Some students are very laid-back (relaxed). They are never under pressure. _____.

9. Some of the courses are very long and difficult. I am working very hard and I am under a lot of pressure. _____.

10. I don't believe in pressure! I am a very laid-back person. _____.

# Bua sa Bhéaltriail

## Ceisteanna / Questions

**2. An bhfuil a lán piarbhrú ar dhaoine óga inniu maidir le halcól agus drugaí?**
*Is there a lot of peer pressure today on young people in relation to alcohol or drugs?*

Tá / Níl / Bhí i gcónaí.
*There is / There is not / There always was.*

| | |
|---|---|
| Is dócha go mbíodh piarbhrú ar dhéagóirí i gcónaí. | I suppose there was always peer pressure on teenagers. |
| Faraor, is cuid den saol é piarbhrú. | Unfortunately, peer pressure is part of life. |
| Inniu tá níos mó airgid ag daoine óga chun alcól agus fiú drugaí a cheannach. | Today young people have more money to buy alcohol and even drugs. |
| Tá drugaí ar fáil go réidh i ngach áit, fiú i scoileanna, agus cinnte bíonn brú ar dhaoine óga triail a bhaint astu. | Drugs are easily available everywhere, even in schools, and certainly young people are under pressure to try them. |
| Tá piarbhrú níos measa inniu mar úsáideann daoine an t-idirlíon chun brú a chur ar dhaoine eile, mar shampla leis an gcluiche Neknominate. | Peer pressure is worse today because people use the internet to put pressure on others, for example the game Neknominate. |

## Nathanna breise / Extra phrases

| | |
|---|---|
| Is cuid de shaol an déagóra é, piarbhrú. Bíonn imní ar dhéagóirí i gcónaí faoi thuairimí dhéagóirí eile. | Peer pressure is part of a teenager's life. Teenagers are always worried about other teenagers' opinions. |
| Ba mhaith le gach déagóir a bheith mar chuid den 'ghrúpa' agus gan seasamh amach. | Every teenager wants to be one of the 'group' and not stand out. |
| Ní dóigh liom go mbíonn piarbhrú ar gach déagóir. Braitheann sé ar an duine. | I don't think that every teenager feels peer pressure. It depends on the person. |
| Deir a lán daoine go mbíonn piarbhrú ar dhéagóirí alcól a ól. Níl mé cinnte faoi sin. Feiceann siad a dtuismitheoirí ag ól an t-am ar fad. Agus, mar a deir an seanfhocal, 'Cad a dhéanfadh mac an chait ach luch a mharú!' | A lot of people say that there is peer pressure on young people to drink. I'm not sure about that. They see their parents drinking all the time. And, as the proverb says, 'What would the cat's son do but kill a mouse!' |

## Seanfhocail oiriúnacha / Suitable proverbs

| | |
|---|---|
| Cad a dhéanfadh mac an chait ach luch a mharú! | What would the cat's son do but kill a mouse! (ie like father, like son. Like mother, like daughter.) |

### Ceachtanna Foclóra / Vocabulary exercises

**Cuir Gaeilge ar na habairtí seo a leanas:**

1. Peer pressure is a part of life. _____

2. There has always been peer pressure on teenagers but it is worse today.

3. Teenagers worry about what other teenagers think of them and that puts pressure on them.

4. Young people today have a lot of money, and alcohol and drugs are easily available.

5. Peer pressure is worse today because people use the internet to put pressure on others.

6. I don't think that every teenager feels peer pressure – it depends on the person.

7. Some people say that young people drink because of peer pressure but I'm not sure. They see their parents drinking and, as the proverb says . . . (insert an appropriate proverb).

# Bua sa Bhéaltriail

## Ceisteanna / Questions

**3. An dóigh leat gur fadhb mhór í an chibearbhulaíocht do dhaoine óga inniu?**
*Do you think that cyberbullying is a big problem for young people today?*

| | |
|---|---|
| **Cinnte is fadhb mhór anois í.** | *Certainly it is a big problem now.* |
| **Tarlaíonn a lán bulaíochta ar líne inniu.** | *A lot of bullying takes place online today.* |
| **Is rud nua í cibearbhulaíocht agus is fadhb mhór í.** | *Cyberbulling is new and it is a big problem.* |
| **Cuireann daoine scéalta, grianghraif agus físeáin de dhaoine eile ar shuíomhanna sóisialta.** | *People put stories, photographs and videos of others on social media sites.* |
| **Tá scéalta faoi dhéagóirí ag cur lámh ina mbás féin mar gheall ar bhulaíocht ar líne.** | *There are stories about teenagers committing suicide because of online bullying.* |
| **Úsáideann beagnach gach duine óg an t-idirlíon anois ar a ríomhairí nó ar a bhfóin phóca. Mar sin, tá sé éasca do na bulaithe bulaíocht a dhéanamh.** | *Almost every young person uses the internet now on their computers or their phones. So, it is easy for the bullies to bully.* |
| **An rud is measa faoi chibearbhulaíocht ná go scaiptear ráflaí agus rudaí eile timpeall an-tapaidh.** | *The worst thing about cyberbullying is that rumours and other things are spread very quickly.* |

## Nathanna breise / Extra phrases

| | |
|---|---|
| **De réir taighde i measc dhaltaí scoile, rinne duine amháin as gach deichniúir bulaíocht ar líne, agus deir ceathrar as gach deichniúir go ndearna duine bulaíocht orthu ar líne.** | *According to research among school students, one out of every ten has bullied online and four out of every ten have been bullied online.* |
| **Caithfidh daoine óga a bheith cúramach agus gan rudaí príobháideacha a chur ar leathanaigh Facebook agus ar shuíomhanna sóisialta eile. Ach, mar a deir an seanfhocal, 'Ní féidir ceann críonna a chur ar cholainn óg.'** | *Young people have to be careful and not put private things on Facebook pages and other social media sites. But, as the proverb says, 'You can't put an old head on young shoulders.'* |

## Caibidil 8

| | |
|---|---|
| Is féidir le bulaíocht damáiste mór a dhéanamh d'fhéin-mheas an duine. | Bullying can do a lot of damage to a person's self-esteem. |
| Roinneann daoine eolas príobháideach, grianghraif agus fiú físthéipeanna ar shuíomhanna sóisialta. | People share private information, photographs and even videos on social network sites. |
| Deir daoine áirithe go mba chóir dlí nua a reachtú in aghaidh na cibearbhulaíochta. Is dóigh liom gur plean maith é, mar thabharfadh daoine aird ar leith air. | Some people say that there should be a law against cyberbullying. I think it is a good plan, because people would take it more seriously. |
| Ní dóigh liom gur plean maith é mar b'fhéidir go ndéanfaí coirpeach de dhuine óg go luath ina shaol nó ina saol. | I do not think it is a good plan because you might criminalise a person very early in his / her life. |
| Tá mé idir dhá chomhairle faoi. | I am between two minds (I am undecided) about it. |
| Sílim gurb é an t-oideachas réiteach na faidhbe. | I think education is the solution to the problem. |

### Seanfhocail oiriúnacha / Suitable proverbs

| | |
|---|---|
| Ní féidir ceann críonna a chur ar cholainn óg. | You can't put a wise head on young shoulders (literally, on a young body). |
| Is minic gur sia a théann an bhréag ná an fhírinne. | Often a lie goes futher than the truth. |

### Ceachtanna Foclóra / Vocabulary exercises

**Cuir Gaeilge ar na habairtí seo a leanas:**

1. Cyberbullying is a big problem today. _____

2. Rumours spread quickly on the internet. _____

3. Young people put private information, photographs and even videos on social media sites. _____

4. It is easy to bully young people online because almost all young people use the internet – on their computers and their phones. _____

5. There are stories about young people committing suicide because of online bullying. _____

## Bua sa Bhéaltriail

6. According to research among school students, one in ten students has bullied online. I think education is the key to solving the problem. _____
_____.

7. Some people think that there should be a law against cyberbullying. I am between two minds on the question. _____
_____.

8. Young people need to be careful when they are using the internet. But, as the proverb says . . . (insert an appropriate proverb). _____
_____.

### Ceisteanna / Questions

**4. Inis dom faoin teicneolaíocht i do shaol.** – *Tell me about technology in your life.*

| | |
|---|---|
| **Is bunchuid de mo shaol í an teicneolaíocht.** | *Technology is part and parcel of my life.* |
| **Úsáideann daoine óga an teicneolaíocht mar chuid nádúrtha den saol gach lá.** | *Young people use technology as a normal part of daily life.* |
| **Tá teileafón glic / ifón agam agus . . .** | *I have a smart phone / iphone and . . .* |
|     úsáidim mar aláram ar maidin é |     *I use it as an alarm in the morning* |
|     seolaim téacsanna |     *I send text messages* |
|     cuirim glaonna teileafóin |     *I make phonecalls* |
|     éistim le ceol |     *I listen to my music* |
|     téim ar an idirlíon |     *I go online* |
|     imrím cluichí ríomhaire air |     *I play computer games on it.* |
| **Bainim úsáid as aipeanna difriúla, mar shampla . . .** | *I use various apps, for example. . .* |
| **Féachaim ar scannáin ar mo ríomhaire glúine agus uaireanta ar mo theileafón ach tá an scáileán pas beag.** | *I watch films on my laptop and sometimes on my phone but the screen is a bit small.* |
| **Ceannaím ceol, éadaí, leabhair agus gach sórt ruda ar líne.** | *I buy music clothes, books and all sorts of things online.* |
| **Tá a lán suíomhanna maithe chun cabhrú le daltaí agus bainim úsáid astu uaireanta agus mé ag déanamh m'obair bhaile / ag staidéar, mar shampla www.focal.ie, an foclóir Gaeilge ar líne.** | *There are lots of good sites to help students, and I use them sometimes when doing my homework / studying, for example www.focal.ie, the Irish online dictionary.* |

**Caibidil 8**

### Nathanna breise / Extra phrases

| | |
|---|---|
| Mar a deir an seanfhocal, 'Bíonn dhá insint ar gach scéal' agus tá buntáistí is míbhuntáistí ag baint leis an teicneolaíocht. | As the proverb says, 'There are two sides to every story', and there are advantages and disadvantages associated with technology. |
| Is féidir a lán ama a chur amú ar an idirlíon. | One can waste a lot of time on the internet. |
| Cé go bhfuil a lán suíomhanna maithe ar fáil tá dáinséar ag baint leis an idirlíon freisin. Uaireanta ligeann daoine orthu gur daoine difriúla iad chun gaol a bhunú le daoine. | Although there are a lot of good sites there is also a dangerous side to the internet. Sometimes people use fake identities in order to form relationships. |
| Tá sé an-deacair do dhuine óg an chibearbhulaíocht a sheachaint má bhíonn an fón ar siúl aige nó aici an t-am ar fad. | It is very difficult for a young person to avoid cyberbullying if they have their mobile phones on at all times. |
| Deir daoine go bhfuil deireadh le comhrá ó tháinig an fón póca ar an saol! | People say that the art of conversation has died since the mobile phone became popular! |
| Ní fhéadfainn maireachtáil gan m'fhón póca! | I couldn't live without my mobile phone! |

### Ceisteanna / Questions

**5. Cad iad na buntáistí is na míbhuntáistí is mó a bhaineann le saol an duine óig inniu?**
*What are the main advantages and disadvantages of the young person's life today.*

| | |
|---|---|
| Tá níos mó airgid ag daoine óga inniu ná mar a bhí ag a dtuistí. | Young people today have more money than their parents had. |
| Is dócha go raibh níos mó airgid ag daoine óga nuair a bhí an Tíogar Ceilteach i réim sa tír. | I suppose that young people had more money during the Celtic Tiger era. |
| Ar an láimh eile, tá a lán daoine dífhostaithe in Éirinn anois agus cuireann sé sin imní ar dhaoine óga. | On the other hand, a lot of people in Ireland are unemployed now and that makes young people worry. |
| Bíonn imní ar dhaoine óga faoin todhchaí – an mbeidh siad ábalta post a fháil nuair a bheidh siad críochnaithe ar scoil nó ar an ollscoil? | Young people worry about the future – will they be able to get a job when they are finished in school or college? |

# Bua sa Bhéaltriail

| | |
|---|---|
| Tá a lán áiseanna maithe againn, go mór mór an teicneolaíocht. | We have a lot of good facilities, especially technology. |
| Tá oideachas maith ar fáil do gach duine in Éirinn suas go dtí an Ardteist agus níl na táillí ollscoile ró-dhaor – go fóill! | Everybody in Ireland can get a good education up to Leaving Cert and university fees are not too dear – yet! |
| Ar an láimh eile, cuireann córas na bpointí brú uafásach ar roinnt daltaí. | On the other hand, the points system puts terrible pressure on some students. |
| Tá saol sóisialta maith ag daoine óga inniu ach ar an taobh eile den scéal tá fadhb an alcóil agus fadhb na ndrugaí ag méadú i measc daoine óga. | Young people today have a good social life but, on the other hand, the problem with alcohol and drugs among young people is growing. |
| Tá deiseanna againn taisteal ar fud an domhain ag staidéar nó ag obair. | We have opportunities to travel all over the world to study or work. |

## Nathanna breise / Extra phrases

| | |
|---|---|
| Is mór idir saol an duine óig inniu is an saol a bhí ag ár dtuistí nuair a bhí siadsan óg. | There is a big difference between the life of a young person today and that of their parents when they were young. |
| Glactar go forleathan leis go bhfuil fadhbanna ag daoine óga inniu ach tá deiseanna iontacha acu freisin. | It is widely accepted that young people today have problems but they also have great opportunities. |
| Tá saol an mhada bháin ag daoine óga inniu, dar liomsa! | Young people today have a great life, in my opinion! |
| Ceapann a lán daoine go bhfuil saol an mhada bháin ag daoine óga inniu ach, geallaim duit, gurb é a mhalairt atá fíor. Is iomaí brú atá ar dhéagóirí an lae inniu. | A lot of people think that young people today have a great life but I can assure you that the opposite is true. Teenagers today have many pressures on them. |

## Ceachtanna foclóra / Vocabulary exercises

**Cuir Gaeilge ar na habairtí seo a leanas:**

1. Every young person can get a good education today but the points system puts a lot of pressure on students. _____

2. As the proverb says, 'There are two sides to every story'. _____

3. Young people worry about the future. _____

4. Young people today have a chance to travel the world to work or study. _____

5. There are a lot of people who are unemployed in Ireland. Young people worry – will they be able to get a job when they are finished in school or college? _____

6. Young people have a good social life but the problem of alcohol and drugs is growing. _____

7. Teenagers have a great life today! _____

8. The opposite is true, teenagers today have a lot of pressure on them. _____

**Inis dom faoi shaol an duine óig inniu.** – *Tell me about the life of a young person today.*

### Freagra samplach

*Traic 14*

Bhuel, is dócha go bhfuil buntáistí agus míbhuntáistí ag baint le saol an duine óig inniu.

Tá níos mó airgid againn ná mar a bhí ag ár dtuistí. Tá oideachas maith ar fáil againn ach, ar an láimh eile, cuireann córas na bpointí brú mór ar dhaltaí scoile.

Tá áiseanna teicneolaíochta iontacha againn – níos fearr ná riamh *(better than ever)*! Ach, tá fadhbanna ag baint leo freisin, mar shampla, tá fás mór tagtha ar chibearbhulaíocht agus tá roinnt daoine óga gafa *(addicted)* le suíomhanna sóisialta agus cluichí ríomhairí.

Tá fadhb an alcóil agus fadhb na ndrugaí fós i measc na n-óg agus iad ag fás agus bíonn imní ar roinnt daoine óga faoin todhchaí *(future)*.

Ach, tá deiseanna *(opportunites)* iontacha againn taisteal ar fud an domhain, ag obair nó ag staidéar.

Ar an iomlán *(on the whole)* sílim go bhfuil saol an-mhaith ag daoine óga inniu.

# Bua sa Bhéaltriail

> ### Leid / Hint
>
> **Smaoinigh i gcónaí ar an mana, 'freagair agus forbairt'! Ná tabhair freagraí aon-fhoclacha. Déan forbairt ar do chuid tuairimí. Ní gá a bheith i do shaineolaí ar rud ar bith ach abairtí simplí a chumadh. Is féidir abairtí simplí a chur isteach chun do fhreagra a dhéanamh níos faide.**
> *Remember always the mantra 'answer and develop'! Try not to give one-word answers. Develop your opinions. You are not expected to be an expert on anything just add simple sentences to give depth to your answer.*
> **Go n-éirí leat!** *Good Luck!*

## Do scéal féin / Your personal answer

Anois, freagair an cheist seo a leanas go pearsanta. Tabhair do do mhúinteoir é chun é a cheartú.

'Inis dom faoi shaol an duine óig inniu.'

### Fócas ar an Scrúdú / Exam Focus

**Cleachtadh a dhéanann máistreacht! Ceartaigh aon bhotúin a rinne tú agus athscríobh do chuntas ar an leathanach cuí ag deireadh an leabhair seo. Cleachtaigh go rialta é.**

*Practice makes perfect! Correct any mistakes you made and rewrite your account on the appropriate page at the end of this book. Practise it regularly.*

# Caibidil 9
# Ceisteanna san Aimsir Chaite / Questions in the Past Tense

Sa chaibidil seo déanfaidh tú cleachtadh ar cheisteanna agus ar fhreagraí san Aimsir Chaite.
*In this chapter you will practise questions and answers in the Past Tense.*

Is í aidhm na ceiste seo sa bhéaltriail ná a fháil amach an bhfuil an Aimsir Chaite ar eolas agat. Mar sin, bain úsáid as réimse leathan de bhriathra éagsúla.
*The aim of this question in the oral exam is to see if you can speak in the Past Tense. Therefore, use a wide variety of verbs.*

Chun cabhrú leat tá:
- **Na rialacha don Aimsir Chaite** – *the rules for putting verbs into the Past Tense*
- **Na Briathra Neamhrialta san Aimsir Chaite** – *the 11 Irregular Verbs in the Past Tense.*
- **Liosta Briathra Comónta** – *a list of common Irish verbs*
- **Ceisteanna is freagraí samplacha** – *sample questions and answers*

### Leid / Hint

**Foghlaim na nathanna áisiúla tar éis gach aon fhreagra samplach sa chaibidil seo.**
*Learn the useful phrases after each sample answer in this chapter.*

**Cabhróidh an chaibidil seo go mór leat le briathra don tsraith pictiúr, don scéal agus don litir / ríomhphost.**
*This chapter will help you a lot with verbs for the picture sequence, the story and the letter / email.*

# Na Rialacha don Aimsir Chaite / Rules for the Past Tense

**Má thosaíonn an briathar le** (*if the verb begins with a*):

| | | |
|---|---|---|
| **Consan** (*consonant*) | cuir séimhiú air (+ **h**) | Chaith mé… |
| **Guta** (*vowel*) | cuir **d'** air (+ **d'**) | D'ól mé… |
| '**F**' | cuir **d'** agus séimhiú (+ **d'** and **h**) | D'fhéach mé… |

**An Fhoirm Dhiúltach** (*Negative Form*)
**Níor** chaith / **Níor** ól (d') / **Níor** fhéach (d')

**An Fhoirm Cheisteach** (*Question Form*)
**Ar** chaith? / **Ar** ól? (d') / **Ar** fhéach? (d')

## Briathra Neamhrialta / Irregular Verbs

| | |
|---|---|
| *I was / I was not* | Bhí mé / **Ní** raibh mé |
| *We were / we were not* | Bhíomar / **Ní** rabhamar (**Ní** raibh muid) |
| *I went / I did not go* | Chuaigh mé / **Ní** dheachaigh mé |
| *We went / We did not go* | Chuamar / **Ní** dheachamar (**Ní** dheachaigh muid) |
| *I did / made / I did not do/make* | Rinne mé / **Ní** dhearna mé |
| *We did / made / We did not do / make* | Rinneamar / **Ní** dhearnamar (**Ní** dhearna muid) |
| *I got / found / I did not get / find* | Fuair mé / **Ní** bhfuair mé |
| *We got / found / We did not get / find* | Fuaireamar / **Ní** bhfuaireamar (**Ní** bhfuair muid) |
| *I saw / I did not see* | Chonaic mé / **Ní** fhaca mé |
| *We saw / We did not see* | Chonaiceamar / **Ní** fhacamar (**Ní** fhaca muid) |
| *I said / I did not say* | Dúirt mé / **Ní** dúirt mé |
| *We said / We did not say* | Dúramar / **Ní** dúramar (**Ní** dúirt muid) |
| *I heard / I did not hear* | Chuala mé / **Níor** chuala mé |
| *We heard / We did not hear* | Chualamar / **Níor** chualamar (**Níor** chuala muid) |
| *I gave / I did not give* | Thug mé / **Níor** thug mé |
| *We gave / We did not give* | Thugamar / **Níor** thugamar (**Níor** thug muid) |
| *I came / I did not come* | Tháinig mé / **Níor** tháinig mé |
| *We came / We did not come* | Thángamar / **Níor** thángamar (**Níor** tháinig muid) |
| *I ate / I did not eat* | D'ith mé / **Níor** ith mé |
| *We ate / We did not eat* | D'itheamar / **Níor** itheamar (**Níor** ith muid) |
| *I caught / I did not catch* | Rug mé / **Níor** rug mé |
| *We caught / We did not catch* | Rugamar / **Níor** rugamar (**Níor** rug muid) |

# Bua sa Bhéaltriail

## Briathra Comónta / Common Verbs

### A
| | |
|---|---|
| Answer | Freagair |
| Ask (a question) | Fiafraigh de |
| Ask (do something) | Iarr ar |
| Attack | Ionsaigh |

### B
| | |
|---|---|
| Be | Bí* |
| Begin/Start | Tosaigh |
| Beat/Hit | Buail |
| Break | Bris |
| Buy | Ceannaigh |
| Believe | Creid |

### C
| | |
|---|---|
| Call | Glaoigh ar |
| Catch | Beir* ar |
| Change | Athraigh |
| Clean | Glan |
| Climb | Dreap |
| Collect | Bailigh |
| Come | Tar* |
| Cut | Gearr |
| Cycle | Rothaigh |

### D
| | |
|---|---|
| Decide | Socraigh |
| Divide | Roinn |
| Do/Make | Déan* |
| Dress | Gléas |
| Drink | Ól |
| Drive | Tiomáin |

### E
| | |
|---|---|
| Eat | Ith* |
| Escape | Éalaigh |
| Examine | Scrúdaigh |

### F
| | |
|---|---|
| Fall | Tit |
| Fail | Teip ar |
| Fight | Troid |
| Find/Get | Faigh* |
| Finish | Críochnaigh |
| Fix/Repair | Deisigh |
| Follow | Lean |

### G
| | |
|---|---|
| Get/Find | Faigh* |
| Get up | Éirigh |
| Grow | Fás |
| Go | Téigh* |
| Give | Tabhair* |

### H
| | |
|---|---|
| Hear | Clois* |
| Help | Cabhraigh le |
| Hit/Beat | Buail |
| Hurry | Brostaigh |
| Hurt/Injure | Gortaigh |

### J
| | |
|---|---|
| Jump | Léim |

### K
| | |
|---|---|
| Keep | Coimeád |
| Kill | Maraigh |
| Kiss | Póg |
| Knock (on door) | Cnag |
| Knock down | Leag |

*Irregular verb

## L

| | |
|---|---|
| Laugh | Gáir |
| Leave | Fág |
| Lie (untruth) | Inis (bréag) |
| Lie (down) | Luigh (síos) |
| Light | Las |
| Listen (to) | Éist (le) |
| Live | Cónaigh |
| Look (at) | Féach (ar) |
| Lose | Caill |

## M

| | |
|---|---|
| Make / Do | Déan* |
| Marry | Pós |
| Meet | Buail le |

## O

| | |
|---|---|
| Open | Oscail |
| Order | Ordaigh |

## P

| | |
|---|---|
| Pay | Íoc as |
| Pick | Pioc |
| Play (sport) | Imir |
| Play (instrument) | Seinn |
| Prepare | Ullmhaigh |
| Pretend | Lig ar |
| Promise | Geall |
| Put | Cuir |

## R

| | |
|---|---|
| Read | Léigh |
| Reach | Sroich |
| Refuse | Diúltaigh |
| Rob / Steal | Goid |
| Run | Rith |

## S

| | |
|---|---|
| Say | Abair* |
| Save | Sábháil |
| Scream | Scread |
| See | Feic* |
| Sell | Díol |
| Shout | Béic |
| Show | Taispeáin |
| Sing | Can |
| Sit | Suigh |
| Sleep | Codail |
| Smoke | Caith tobac |
| Speak | Labhair |
| Spend | Caith |
| Stand | Seas |
| Start | Tosaigh |
| Stay | Fan |
| Steal | Goid |
| Stop | Stop / Stad |

## T

| | |
|---|---|
| Take | Tóg |
| Take off | Bain de |
| Tell | Inis do |
| Thank | Gabh buíochas le |
| Think (a fact) | Ceap |
| Think (about) | Smaoinigh (ar / faoi) |
| Throw | Caith |
| Turn / Twist | Cas |

## U

| | |
|---|---|
| Use | Úsáid / Bain úsáid as |

## W

| | |
|---|---|
| Wake up | Dúisigh |
| Walk | Siúil |
| Wash | Nigh |
| Win | Buaigh |
| Work | Oibrigh |
| Write | Scríobh |

*Irregular verb

# Bua sa Bhéaltriail

## Ceisteanna Samplacha san Aimsir Chaite / Sample Questions in the Past Tense

1. **Cad a rinne tú ar do laethanta saoire an bhliain seo caite / anuraidh?**
   *What did you do on your summer holidays last year?*
2. **Cad a rinne tú an deireadh seachtaine seo caite?**
   *What did you do last weekend?*
3. **Cad a rinne tú ar maidin?**
   *What did you do this morning?*
4. **Cad a rinne tú sular tháinig tú isteach anseo inniu?**
   *What did you do before you came in here today?*
5. **An raibh post samhraidh / páirtaimseartha agat riamh?**
   *Did you ever have a summer job?*
6. **An raibh tú riamh sa Ghaeltacht?**
   *Were you ever in the Gaeltacht?*
7. **An raibh tú riamh thar lear?**
   *Were you ever abroad?*
8. **An raibh tú riamh ar mhalartú scoile?**
   *Were you ever on a school exchange?*
9. **An bhfaca tú timpiste riamh?**
   *Did you ever see an accident?*
10. **An raibh tú riamh san ospidéal?**
    *Were you ever in hospital?*

### Leid / Hint

Tá briathra san Aimsir Chaite faoi chló daite i ngach freagra samplach thíos.
*Verbs in the Past Tense are in coloured print in each sample answer below.*

---

**1. Cad a rinne tú ar do laethanta saoire an bhliain seo caite / anuraidh?**
*What did you do on your summer holidays last year?*

**Traic 15**

### Freagra samplach

Bhuel, ar ndóigh bhí tuirse orm tar éis na scoilbhliana agus mar sin lig mé mo scíth ar feadh cúpla seachtain. D'fhan mé sa leaba gach lá go dtí a deich a chlog ag éisteacht le ceol nó ag léamh. Ansin, tar éis bricfeasta chuaigh mé amach ag siúl le mo mhadra.

Chaith mé a lán ama le mo chairde – chuamar go dtí an phictiúrlann, ag siopadóireacht agus go clubanna oíche ag an deireadh seachtaine.

Ansin fuair mé post samhraidh in ollmhargadh. D'oibrigh mé ann ar feadh dhá mhí. Thosaigh mé ag obair ar a naoi ar maidin agus chríochnaigh mé ar a sé. Níor chríochnaigh mé go dtí a naoi ar an Déardaoin. Bhí an obair dian go leor – chuir mé earraí ar na seilfeanna agus chabhraigh mé leis na custaiméirí. Bhí na laethanta fada agus leadránach agus táim cinnte nár mhaith liom post mar sin sa todhchaí. Ach bhí na daoine deas, cairdiúil agus bhí an pá ceart go leor.

Chuaigh mé go dtí an Iodáil le mo chlann i mí Lúnasa. Thógamar teach ar cíos sa Róimh. Bhí an aimsir go hálainn – timpeall tríocha céim Celsius gach lá. Chaith mé mo laethanta sa linn snámha nó ag sú na gréine. Chuamar timpeall na háite ag féachaint ar an radharc tíre agus na háiteanna cáiliúla, mar shampla an Colasaem agus an Vatacáin. Chuamar amach go dtí bialann dhifriúil gach oíche don dinnéar – bhí an bia go deas, blasta ach d'éirigh mé tuirseach de phasta tar éis tamaill. Bhain mé an-taitneamh as an saoire agus tá cúpla focal Iodáilise agam anois!

Nuair a tháinig mé abhaile bhí sé in am ullmhú le dul ar ais ar scoil, faraor, ach bhí samhradh deas agam.

### Nathanna áisiúla

bhuel: *well*
ar ndóigh: *of course*
lig mé mo scíth: *I relaxed*
ar feadh: *for (a length of time)*
chaith mé mo chuid ama ag: *I spent my time*

ag sú na gréine: *sunbathing*
radharc tíre: *sights / views*
áiteanna stairiúla: *historical places*
d'éirigh mé tuirseach de: *I became tired of it*
bhain mé an-taitneamh as: *I really enjoyed*

**2. Cad a rinne tú an deireadh seachtaine seo caite?** – *What did you do last weekend?*

### Freagra samplach

Bhuel, ar ndóigh bhí tuirse orm tar éis na seachtaine ar scoil agus mar sin lig mé mo scíth oíche Aoine is ní dheachaigh mé ag staidéar i leabharlann na scoile mar is gnách dom.

Chuaigh mé díreach abhaile, d'ith mé mo dhinnéar agus chuaigh mé go dtí mo sheomra leapa. Chaith mé cúpla uair ag féachaint ar scannán ar mo ríomhaire glúine agus ansin chuaigh mé go club oíche le mo chairde.

Dé Sathairn d'eirigh mé ar a hocht a chlog agus thosaigh mé ag staidéar díreach tar éis bricfeasta. Bhuail mé le cara ag a haon déag a chlog agus chuamar go dtí an leabharlann áitiúil chun staidéar a dhéanamh le chéile. Chaitheamar an lá ansin go dtí gur dúnadh an leabharlann ag a sé a chlog. Chaith mé cúpla uair i dteach mo charad ag éisteacht le ceol ach ní dheachaigh mé amach go club oíche arís mar bhí tuirse orm.

Dé Domhnaigh thugamar cuairt ar Mhamó agus ar Dhaideo atá ina gcónaí i ngar dúinn. Chaith mé cúpla uair ag staidéar tar éis lóin agus d'fhéach mé ar an gclár is fearr liom ar an teilifís tráthnóna Dé Domhnaigh. Nuair a bhí sé críochnaithe chuaigh mé a luí mar éirím ag a seacht a chlog gach maidin scoile.

(Chuaigh mé go dtí an mosc Dé hAoine / go dtí an tsionagóg Dé Sathairn / ar Aifreann / go dtí an séipéal Dé Domhnaigh.)

### Nathanna áisiúla

mar is gnách liom: *as is usual for me / as I usually do*
i ngar dúinn: *near us*

chuaigh mé a luí: *I went to bed*

# Bua sa Bhéaltriail

**3. Cad a rinne tú ar maidin?** – *What did you do this morning?*

Líon na bearnaí leis na focail / na briathra oiríunacha chun freagra a chumadh ar an gceist thuas. Féach ar na Briathra Comónta agus na rialacha ag tús na caibidle chun cabhrú leat.
*Fill in the blanks in the answer below with appropriate nouns / verbs to compose an answer to this question. Look at the Common Verbs and rules at the start of this chapter.*

## Freagra samplach

Bhuel, bhuail an t-aláram ar m'fhón póca ag ………………………… Bhí mé tuirseach traochta agus mar sin níor éirigh mé go dtí a ……………….. Léim mé isteach sa chithfholcadh agus ansin …………………………. mé féin. Chuir mé m'éide scoile orm agus síos an staighre liom chomh tapa agus a bhí i mo chosa. D'ith mé mo bhricfeasta go tapa agus amach an doras liom go dtí stad an bhus*. ………………………. mé an scoil díreach agus an clog ag bualadh ach bhí mé in am! Tar éis dom clárú *(registration)* chuaigh mé go dtí mo chéad …………………………., Béarla, agus ……………………mé le mo chairde ann.

*nó / or
…agus rug mé ar mo rothar. Rothaigh mé ar scoil ar nós na gaoithe.
 nó / or
…agus isteach liom i gcarr mo mham / mo dhaid agus thiomáin siad ar scoil mé.

### Nathanna áisiúla
bhí mé tuirseach traochta: *I was exhausted*
chomh tapa agus a bhí i mo chosa: *as fast as my legs could carry me / as fast as I could*
ar nós na gaoithe: *as fast as the wind*

**4. Cad a rinne tú sular tháinig tú isteach anseo inniu?**
*What did you do before you came in here today?*

Cuir Gaeilge ar an bhfreagra seo a leanas. Féach ar an ngluais thíos.
*Translate the following answer into Irish. Look at the glossary below.*

## Freagra samplach

Well, I was very nervous and so I came to school early. I met with my friends and we went to a classroom and spoke Irish for a while. When the bell rang I went to my first class, English. At breaktime I made / I bought a cup of coffee and tried to relax. I spent lunchtime practising for the exam with my teacher and now I am here!

### Nathanna áisiúla
neirbhíseach: *nervous*  rinne mé iarracht: *I tried*
mar sin: *so*  ag cleachtadh: *practising*
ag am sosa: *at breaktime*

**5. An raibh post samhraidh / post páirtaimseartha agat riamh?**
*Did you ever have a summer job?*

(Féach siar ar áiseanna i do cheantar i gCaibidil 3 le haghaidh foclóra)

## Freagra samplach

Bhí. Fuair mé taithí oibre i siopa poitigéara áitiúil nuair a bhí mé san Idirbhliain agus fuair mé post páirtaimseartha ansin arís an samhradh seo caite. Chuir mé glaoch ar úinéir an tsiopa agus chuaigh mé faoi agallamh. Thosaigh mé ag obair ann i mí an Mheithimh agus chaith mé an samhradh ar fad ag obair ann go dtí lár mhí Lúnasa. Bhí mé ag obair trí lá sa tseachtain óna naoi ar maidin go dtí a sé. D'oibrigh mé leathlá gach Satharn freisin. Chabhraigh mé leis na custaiméirí agus bhí mé ag obair leis an bpoitigéir é féin. D'fhoghlaim mé a lán rudaí agus bhain mé an-taitneamh as mar ba mhaith liom a bheith i mo dhochtúir nó i mo phoitigéir amach anseo. Bhí na daoine eile cairdiúil agus cabhrach. Ghnóthaigh mé / Thuill mé céad caoga euro sa tseachtain agus shábháil mé a lán airgid do mo laethanta saoire tar éis na hArdteiste.

**Traic 16**

**Nathanna áisiúla**
chuaigh mé faoi agallamh: *I did an interview*
amach anseo: *in the future*
thuill mé / ghnóthaigh mé: *I earned*

# Bua sa Bhéaltriail

**6. An raibh tú riamh sa Ghaeltacht?** – *Were you ever in the Gaeltacht?*

## Freagra samplach

Traic 17

**(a)** Bhí. Chuaigh mé go dtí coláiste samhraidh sa Spidéal an bhliain seo caite. Chuaigh mé ann le mo chara. Bhí mé an-neirbhíseach ag dul ann mar ní raibh mo chuid Gaeilge go maith ach caithfidh mé a rá gur bhain mé an-taitneamh as agus tá mo chuid Gaeilge i bhfad níos fearr anois.

Bhí ranganna againn gach maidin ach ní dhearnamar staidéar ar dhánta agus scéalta. Bhíomar ag caint an t-am ar fad agus bhí an-chraic againn. Scríobhamar amhráin agus chanamar iad ag ceolchoirm ag deireadh an chúrsa.

D'imríomar spóirt gach tráthnóna – peil nó cispheil agus uaireanta chuamar ag snámh san fharraige nó ag imirt eitpheile ar an trá.

Gach oíche bhí céilí, ceolchoirm nó tráth na gceist *(quiz)* againn. D'fhoghlaim mé conas rincí Gaelacha a dhéanamh – bhí an chraic go hiontach!

Bhí na múinteoirí an-deas agus chabhraigh siad go mór liom le mo chuid Gaeilge. Rinne mé a lán cairde nua agus bímid ag caint le chéile i nGaeilge anois ar Viber agus ar Facebook.

Mholfainn *(I would recommend)* do gach duine dul go dtí an Ghaeltacht – cheap mé go mbeadh sé leadránach ach ní raibh!

**(b)** Ní raibh mé, faraor. Tá sé costasach agus ní raibh an t-airgead le spáráil ag mo thuismitheoirí…

- ó thosaigh an cúlú eacnamaíochta *(since the recession began)*
- ó chaill mo dhaid a phost *(since my dad lost his job)*
- ó gearradh siar ar uaireanta oibre mo mham *(since my mum's working hours were cut)*
- mar tá deirfiúracha / deartháireacha agam ar an gcoláiste / fós ar scoil freisin *(because I have brothers / sisters at college / still at school).*

Traic 18

**Nathanna áisiúla**

caithfidh mé a rá: *I must say*
i bhfad níos fearr: *much better*
faraor: *unfortunately*

uaireanta: *sometimes*
mholfainn: *I would recommend*

## Caibidil 9

**7. An raibh tú riamh thar lear?** – *Were you ever abroad?*

### Freagra samplach

Traic 19

(a) Bhí. Tá an t-ádh liom – tá uncail liom ina chónaí i Maidrid sa Spáinn agus tá aintín liom i Meiriceá. Uaireanta téann an chlann ar cuairt chucu.

An bhliain seo caite thugamar cuairt ar Uncail Mike i Maidrid. D'fhanamar leis ar feadh coicíse. Tá teach breá mór aige le linn snámha agus chuaigh mé ag snámh ann gach maidin. Bhí an aimsir go hiontach agus chuamar ag imirt leadóige le mo chol ceathracha beagnach gach lá. Is cócaire maith í m'Aintín Isabelle agus bhí an bia dochreidte! Bhí carr againn agus thiomáin Daid agus Mam timpeall na háite ag féachaint ar na radharcanna. Chaitheamar deireadh seachtaine i mBarcelona freisin. Thugamar cuairt ar mhúsaem Picasso agus chuaigh Daid agus mo dheartháir go dtí cluiche i staid Camp Nou.

(b) Ní raibh, faraor. Ní raibh seans agam dul thar lear go dtí seo ach ba mhaith liom taisteal sa todhchaí.

**Nathanna áisiúla:**
tá an t-ádh liom: *I am lucky*
ar feadh coicíse: *for a fortnight*
beagnach: *nearly*
dochreidte: *incredible*
Ina measc: *among them*
go dtí seo: *until now*
sa todhchaí: *in the future*

**8. An raibh tú riamh ar mhalartú scoile?** – *Were you ever on a school exchange?*

### Freagra samplach

Traic 20

Bhí. Bhí mé ar mhalartú scoile sa Fhrainc nuair a bhí mé sa dara bliain. Chaith mé seachtain i Lyons. D'fhan mé le clann ansin agus chuaigh mé ar scoil gach lá leis an mac, Pierre. Thógamar an traein go dtí an scoil go luath gach maidin mar thosaigh an scoil ag a hocht a chlog. Bhí sé deacair daoine a thuiscint ar dtús ach d'éirigh sé níos éasca tar éis tamaill. Bhí na múinteoirí an-dáiríre agus dian. Thugamar cuairt ar na hionaid turasóireachta agus tháinig feabhas mór ar mo Fhraincis / ar mo chuid Fraincise. Rinne mé cairde nua agus bhain mé an-taitneamh as an seachtain.

Tamall ina dhiaidh sin tháinig Pierre go hÉirinn chun fanacht le mo chlann. ar scoil liom gach lá agus thóg mé timpeall na cathrach é chun na radharcanna a fheiceáil. Chaitheamar deireadh seachtaine ag taisteal timpeall na tíre – go Ciarraí, Gaillimh agus Dún na nGall. Tháinig feabhas ar a chuid Béarla agus fiú bhí cúpla focal Gaeilge aige ag dul abhaile!

**Nathanna áisiúla**
bhí sé deacair a thuiscint: *it was difficult to understand*
ar dtús: *at first*
d'eirigh sé níos éasca: *it became easier*
tháinig feabhas mór ar: *really improved*
fiú: *even*

# Bua sa Bhéaltriail

**9. An bhfaca tú timpiste riamh?** – *Did you ever see an accident?*

## Freagra samplach

Traic 21

(a) Chonaic mé, faraor. Bhí mé ag siúl ar scoil maidin amháin an bhliain seo caite nuair a chonaic mé timpiste taobh amuigh de gheata na scoile. Bhí dalta eile ag rothaíocht ar scoil agus nuair a chas sé chun dul iseach tríd an ngeata leag carr é. Baineadh geit uafásach as ach ní raibh sé gortaithe go dona. Rith an príomhoide amach agus ghlaoigh sé ar an otharcharr. D'fhan an buachaill ar an talamh agus chuir an príomhoide cóta air. Nuair a tháinig an t-otharcharr cuireadh ar shínteán *(stretcher)* é agus thóg siad go dtí an t-ospidéal é. Lig siad amach é an lá ina dhiaidh sin agus bhí sé ceart go leor, buíochas le Dia.

(b) Ní fhaca, buíochas mór le Dia.
Tá áthas orm a rá nach bhfaca mé.

**Nathanna áisiúla**
baineadh geit uafásach as: *he got a terrible fright*

**10. An raibh tú riamh san ospidéal?** – *Were you ever in hospital?*

## Freagra samplach

Traic 22

(a) Bhí. Nuair a bhí mé naoi mbliana d'aois bhí aipindicíteas orm. Bhí an pian uafásach agus ghlaoigh mo mham ar an dochtúir. Chuir sé díreach go dtí an t-ospidéal mé. Chuaigh mé faoi scian an mhaidin ina dhiaidh sin agus tógadh an aipindic amach. Rinne siad máinliacht mionchró agus mar sin ní raibh ach dhá ghreim agam. Chaith mé trí lá san ospidéal tar éis na hobráide. Bhí mo ríomhaire glúine agam agus d'fhéach mé ar a lán scannán agus d'éist mé le ceol. Bhí an bia uafásach ach tháinig mo chairde isteach le boscaí seacláide agus rudaí mar sin. Bhí áthas an domhain orm sos a fháil ón scoil – d'fhan mé sa bhaile ar feadh coicíse.

(b) Ní raibh, buíochas mór le Dia agus tá súil agam nach mbeidh go deo.

**Nathanna áisiúla**
chuaigh mé faoi scian: *I was operated on*
tar éis na hobráide: *after the operation*
máinliacht mionchró: *keyhole surgery*
dhá ghreim: *two stitches*
rudaí mar sin: *things like that*
bhí áthas an domhain orm: *I was delighted*
go deo: *ever*

## Leid / Hint

Smaoinigh ar an bhfoclóir ar fad a d'fhoghlaim tú do na sraitheanna pictiúr. Bain úsáid astu oiread agus is féidir.
*Think of all the vocabulary you learned when describing the sraitheanna pictiúr. Use them wherever you can.*

### Do scéal féin / Your personal answer

Freagair do rogha ceann amháin de na ceisteanna seo a leanas agus tabhair do do mhúinteoir é chun é a cheartú:
*Write your personal answer to your choice of one of the following questions, and give it to your teacher for correction.*

1. An raibh post samhraidh nó post páirtaimseartha agat riamh? Inis dom faoi.
2. Cad a rinne tú an samhradh seo caite?
3. An raibh tú riamh thar lear?

# Bua sa Bhéaltriail

### Fócas ar an Scrúdú / Exam Focus

**Cleachtadh a dhéanann máistreacht! Ceartaigh aon bhotúin a rinne tú agus athscríobh do chuntas ar an leathanach cuí ag deireadh an leabhair seo.**
*Practice makes perfect! Correct any mistakes you made and rewrite your account on the appropriate page at the end of this book. Cleachtaigh go rialta é. Practise it regularly.*

# Caibidil 10
## Ceisteanna san Aimsir Láithreach /
## Questions in the Present Tense

Sa chaibidil seo déanfaidh tú cleachtadh ar cheisteanna is freagraí san Aimsir Láithreach.
*In this chapter you will practise questions and answers in the Present Tense.*

Is í aidhm na ceiste seo sa bhéaltriail ná a fháil amach an bhfuil an Aimsir Láithreach ar eolas agat. Mar sin, bain úsáid as réimse leathan de bhriathra éagsúla.
*The aim of this question in the oral exam is to see if you can speak in the Present Tense. Therefore, use a wide variety of verbs.*

**Chun cabhrú leat tá:**

- **Na rialacha don Aimsir Láithreach** – *the rules for putting verbs into the Present Tense*
- **Na Briathra Neamhrialta san Aimsir Láithreach** – *the 11 Irregular Verbs in the Present Tense*
- **Liosta Briathra Comónta** – *a list of common Irish verbs*
- **Ceisteanna is freagraí samplacha** – *sample questions and answers*

### 💡 Leid / Hint

Cabhróidh an chaibidil seo go mór leat le briathra don tsraith pictiúr, don scéal agus don litir / ríomhphost má tá tú ag labhairt nó ag scríobh san Aimsir Láithreach.
*This chapter will help you with verbs for the picture sequence, the story and the letter / email if you are speaking or writing in the Present Tense.*

# Bua sa Bhéaltriail

## Na Rialacha don Aimsir Láithreach / Rules for the Present Tense

In the Present Tense we add an ending to the 'root' of the verb *(the root is the part used to give an order, e.g. **dún** an doras / **déan** d'obair bhaile / **ól** an t-uisce )*. How we spell the ending depends upon:
1. whether the 'root' of the verb has *one syllable* (dún) or *two syllables* (ceann/aigh), and
2. whether it is *broad* or *slender*.

A **broad verb** is one where the final or only vowel in the root of one-syllable verbs is broad (e.g. fé**a**ch) or where the *final syllable* is broad (aigh) in two-syllable verbs (e.g. críochn**aigh**).

A **slender verb** is one where the final vowel in the root of one-syllable verbs is slender (e.g. bua**i**l) or the final syllable is slender (**igh**) in two-syllable verbs (e.g. éir**igh**).

Check back here when you are writing your answers and these rules will become familiar to you as you practise. See the examples below:

| | | | |
|---|---|---|---|
| Dún**aim** | I close | Bris**im** | I break |
| Dún**ann** tú/sé/sí | you/he/she close(s) | Bris**eann** tú/sé/sí | you/he/she break(s) |
| Dún**aimid** | we close | Bris**imid** | we break |
| Dún**ann** sibh/siad | you (pl)/they close | Bris**eann** sibh/siad | you (pl)/they break |
| Ceann**aím** | I buy | Éir**ím** | I get up |
| Ceann**aíonn** tú/sé/sí | you/he/she buy(s) | Éir**íonn** tú/sé/sí | you/he/she get(s) up |
| Ceann**aímid** | we buy | Éir**ímid** | we get up |
| Ceann**aíonn** sibh/siad | you (pl) / they buy | Éir**íonn** sibh/siad | you(pl) /they get up |

*Remember: **sé**, as well as meaning 'he' also means 'it' e.g. tosaíonn sé ag a naoi a chlog (it starts at 9 o'clock)

**An Fhoirm Dhiúltach / Negative Form**
  **Ní + h** *(except for vowels)*
Ní dhúnaim / ní bhrisimid / ní cheannaím / ní éirimid

**An Fhoirm Cheisteach / Question Form**
  **An + urú** *(except for vowels)*
An ndúnann tú? / An mbriseann sé? / An gceannaíonn siad?/ An éiríonn sí?

## Na Briathra Neamhrialta / Irregular Verbs

| | |
|---|---|
| I am (now / at present) | Táim / Tá mé |
| I am not | Nílim / Níl mé |
| We are | Táimid |
| We are not | Nílimid |
| | |
| I am (do be) (every day/usually) | Bím |
| I am not (I don't be) | Ní bhím |
| We are (we do be) | Bímid |
| We are not (we don't be) | Ní bhímid |
| | |
| I go / I do not go | Téim / **Ní** théim |
| We go / We do not go | Téimid / **Ní** théimid |
| | |
| I do/make / I do not do/make | Déanaim / **Ní** dhéanaim |
| We do / make / We do not do / make | Déanaimid / **Ní** dhéanaimid |
| | |
| I get/find / I do not get/find | Faighim / **Ní** fhaighim |
| We get/find / We do not get/find | Faighimid / **Ní** fhaighimid |
| | |
| I see / I do not see | Feicim / **Ní** fheicim |
| We see / We do not see | Feicimid / **Ní** fheicimid |
| | |
| I say / I do not say | Deirim / **Ní** deirim |
| We say / We do not say | Deirimid / **Ní** deirimid |
| | |
| I hear / I do not hear | Cloisim / **Ní** chloisim |
| We hear / We do not hear | Cloisimid / **Ní** chloisimid |
| | |
| I give / I do not give | Tugaim / **Ní** thugaim |
| We give / We do not give | Tugaimid / **Ní** thugaimid |
| | |
| I come / I do not come | Tagaim / **Ní** thagaim |
| We come / We do not come | Tagaimid / **Ní** thagaimid |
| | |
| I eat / I do not eat | Ithim / **Ní** ithim |
| We eat / We do not eat | Ithimid / **Ní** ithimid |
| | |
| I catch / I do not catch | Beirim ar / **Ní** bheirim ar |
| We catch / We do not catch | Beirimid ar / **Ní** bheirimid ar |

# Bua sa Bhéaltriail

**Briathra Comónta** / *Common Verbs*

## A

| | |
|---|---|
| *Answer* | Freagair |
| *Ask (a question)* | Fiafraigh de |
| *Ask (to do something)* | Iarr ar |
| *Attack* | Ionsaigh |

## B

| | |
|---|---|
| *Be* | Bí* ar |
| *Begin / Start* | Tosaigh |
| *Beat / Hit* | Buail |
| *Break* | Bris |
| *Buy* | Ceannaigh |
| *Believe* | Creid |

## C

| | |
|---|---|
| *Call* | Glaoigh ar |
| *Catch* | Beir* |
| *Change* | Athraigh |
| *Clean* | Glan |
| *Climb* | Dreap |
| *Collect* | Bailigh |
| *Come* | Tar* |
| *Cut* | Gearr |
| *Cycle* | Rothaigh |

## D

| | |
|---|---|
| *Decide* | Socraigh |
| *Divide* | Roinn |
| *Do / Make* | Déan* |
| *Dress* | Gléas |
| *Drink* | Ól |
| *Drive* | Tiomáin |

## E

| | |
|---|---|
| *Eat* | Ith* |
| *Escape* | Éalaigh |
| *Examine* | Scrúdaigh |

## F

| | |
|---|---|
| *Fall* | Tit |
| *Fail* | Teip ar |
| *Fight* | Troid |
| *Find / Get* | Faigh* |
| *Finish* | Críochnaigh |
| *Fix / Repair* | Deisigh |
| *Follow* | Lean |

## G

| | |
|---|---|
| *Get / Find* | Faigh* |
| *Get up* | Éirigh |
| *Grow* | Fás |
| *Go* | Téigh* |
| *Give* | Tabhair* |

## H

| | |
|---|---|
| *Hear* | Clois* |
| *Help* | Cabhraigh le |
| *Hit* | Buail |
| *Hurry* | Brostaigh |
| *Hurt / Injure* | Gortaigh |

## J

| | |
|---|---|
| *Jump* | Léim |

## K

| | |
|---|---|
| *Keep* | Coimeád |
| *Kill* | Maraigh |
| *Kiss* | Póg |
| *Knock (on door)* | Cnag |
| *Knock down* | Leag |

*Irregular verb

## L

| | |
|---|---|
| Laugh | Gáir |
| Leave | Fág |
| Lie (untruth) | Inis (bréag) |
| Lie (down) | Luigh (síos) |
| Light | Las |
| Listen (to) | Éist (le) |
| Live | Cónaigh |
| Look (at) | Féach (ar) |
| Lose | Caill |

## M

| | |
|---|---|
| Make / Do | Déan* |
| Marry | Pós |
| Meet | Buail le |

## O

| | |
|---|---|
| Open | Oscail |
| Order | Ordaigh |

## P

| | |
|---|---|
| Pay | Íoc as |
| Pick | Pioc |
| Play (sport) | Imir |
| Play (instrument) | Seinn |
| Prepare | Ullmhaigh |
| Pretend | Lig ar |
| Promise | Geall |
| Put | Cuir |

## R

| | |
|---|---|
| Read | Léigh |
| Reach | Sroich |
| Refuse | Diúltaigh |
| Run | Rith |

## S

| | |
|---|---|
| Say | Abair* |
| Save | Sábháil |
| Scream | Scread |
| See | Feic* |
| Sell | Díol |
| Shout | Béic |
| Show | Taispeáin |
| Sing | Can |
| Sit | Suigh |
| Sleep | Codail |
| Smoke | Caith tobac |
| Speak | Labhair |
| Spend | Caith |
| Stand | Seas |
| Start | Tosaigh |
| Stay | Fan |
| Steal | Goid |
| Stop | Stop / Stad |

## T

| | |
|---|---|
| Take | Tóg |
| Take off | Bain de |
| Tell | Inis do |
| Thank | Gabh buíochas le |
| Think (a fact) | Ceap |
| Think (about) | Smaoinigh |
| Throw | Caith |
| Turn / Twist | Cas |

## U

| | |
|---|---|
| Use | Úsáid / Bain úsáid as |

## W

| | |
|---|---|
| Wake up | Dúisigh |
| Walk | Siúil |
| Wash | Nigh |
| Win | Buaigh |
| Work | Oibrigh |
| Write | Scríobh |

*Irregular verb

# Bua sa Bhéaltriail

## Ceisteanna Samplacha san Aimsir Láithreach / Sample Questions in the Present Tense

1. **Cad a dhéanann tú ag an deireadh seachtaine?**
   *What do you do at the weekend?*
2. **Cad a dhéanann tú gach maidin?**
   *What do you do every morning?*
3. **Cad a dhéanann tú ag am lóin gach lá?**
   *What do you do at lunchtime every day?*
4. **Cad a dhéanann tú tar éis scoile gach lá?**
   *What do you do after school every day?*
5. **An bhfuil post páirtaimseartha agat? Inis dom faoi.**
   *Do you have a part-time job? Tell me about it.*
6. **Cad a dhéanann tú ar do laethanta saoire gach samhradh?**
   *What do you do on your holidays every summer?*
7. **Inis dom faoi do ról mar chinnire / mar mhaor scoile.**
   *Tell me about your role as a school prefect.*
8. **Inis dom faoi Chomhairle na nDaltaí**
   *Tell me about the Student Council.*
9. **An imríonn tú spórt? Inis dom faoi na cluichí a imríonn tú.**
   *Do you play sport? Tell me about the games you play.*

**NB**

Many of the answers in this chapter are almost identical to the answers in the Past Tense in Chapter 9. Use the same vocabulary and phrases to help you learn them. Once you have mastered the answers you can change the details as you wish.
**Go n-éirí leat!** *Good Luck!*

### Leid / Hint

Tá briathra san Aimsir Láithreach faoi chló daite i ngach freagra samplach thíos.

---

**1. Cad a dhéanann tú ag an deireadh seachtaine?** – *What do you do at the weekend?*

**Traic 23**

### Freagra samplach

Bhuel, ar ndóigh bíonn tuirse orm tar éis na seachtaine ar scoil agus mar sin ligim mo scíth oíche Dé hAoine is ní dhéanaim aon staidéar i leabharlann na scoile mar is gnách dom ón Luan go dtí an Déardaoin.

Téim díreach abhaile, ithim mo dhinnéar agus téim go dtí mo sheomra leapa. Caithim cúpla uair ag féachaint ar scannán ar mo ríomhaire glúine agus ansin téim go club oíche le mo chairde.

Dé Sathairn éirím ar a hocht a chlog agus tosaím ag staidéar díreach tar éis an bhricfeasta. Buailim le mo chara ag a haon déag a chlog agus téimid go dtí an leabharlann áitiúil chun staidéar a dhéanamh le chéile. Caithimid an lá ansin go dtí go ndúntar an leabharlann ag a sé a chlog. Caithim cúpla uair i dteach mo charad ag éisteacht le ceol ach ní théim amach go club oíche arís mar bíonn tuirse orm.

## Caibidil 10

Dé Domhnaigh tugaimid cuairt ar Mhamó agus ar Dhaideo atá ina gcónaí i ngar dúinn. Caithim cúpla uair ag staidéar tar éis lóin agus féachaim ar an gclár is fearr liom ar an teilifís tráthnóna Dé Domhnaigh. Nuair a bhíonn sé críochnaithe téim a luí mar éirím ag a seacht a chlog gach maidin scoile.

(Téim go dtí an mosc Dé hAoine / go dtí an tsionagóg Dé Sathairn / ar Aifreann / go dtí an séipéal Dé Domhnaigh.)

**Nathanna áisiúla**
téim a luí: *I go to bed*

### 2. Cad a dhéanann tú gach maidin? – *What do you do every morning?*

### Freagra samplach

Traic 24

Bhuel, buaileann an t-aláram ar m'fhón póca ag a leathuair tar éis a sé. De ghnáth bíonn tuirse orm agus mar sin fanaim sa leaba ar feadh deich nóiméad eile! Ansin, léimim amach as an leaba agus isteach sa chithfholcadh. Ansin gléasaim mé féin. Cuirim orm m'éide scoile agus rithim síos an staighre ar nós na gaoithe. Ithim mo bhricfeasta go tapaidh agus fágaim an teach. Tógaim an bus ar scoil / rothaím ar scoil / faighim síob ar scoil ó mo mham / dhaid. Sroichim an scoil timpeall / thart ar leathuair tar éis a hocht. Buailim le mo chairde ag an gclárú agus ansin téimid go dtí an chéad rang le chéile.

**Nathanna áisiúla**
bíonn tuirse orm: *I am (do be) tired*        faighim síob: *I get a lift*
ar nós na gaoithe: *as fast as the wind*      timpeall / thart ar: *around*

### 3. Cad a dhéanann tú ag am lóin gach lá? – *What do you do at lunchtime every day?*

### Freagra samplach

Traic 25

**(a)** Bíonn lón againn ag a haon a chlog. Nuair a bhuaileann an clog téim díreach go dtí ceaintín na scoile mar bíonn scuaine / ciú mór ann gach lá. Ceannaím ceapaire agus anraith / deoch agus úll nó oráiste, agus tógaim go dtí bord iad. Ithim mo lón le mo chairde agus ansin cuirimid an bruscar sa bhosca bruscair agus téimid amach ag imirt peile / cispheile nó ag siúl is ag comhrá.

Téim go dtí mo thaisceadán / chealltán agus bailím mo leabhair do ranganna an tráthnóna. Ansin téim ar aghaidh go dtí mo chéad rang eile.

**(b)** Níl bialann nó siopa againn sa scoil agus mar sin tógaim lón isteach ar scoil liom gach lá. Déanaim ceapaire nó sailéad an oíche roimh ré agus tógaim ar scoil é gach lá le píosa torthaí agus paicéad criospaí nó barra seacláide.

Traic 26

Tá seomra speisialta ag gach grúpa bliana mar 'sheomra lóin'. Nuair a bhuaileann an clog téim díreach go dtí an seomra lóin agus buailim le mo chairde. Ithimid ár lón ansin le chéile agus ansin caithimid ár gcuid ama ag caint is ag comhrá nó ag éisteacht le ceol ar ár bhfón póca.

Má tá an aimsir go maith téimid amach ag siúl nó ag imirt peile. Níos déanaí téim go dtí mo thaisceadán / chealltán agus bailím mo chuid leabhar do ranganna an tráthnóna agus ansin téim ar aghaidh go dtí mo chéad rang eile.

# Bua sa Bhéaltriail

**Nathanna áisiúla**

| | | |
|---|---|---|
| ceapaire: *sandwich* | scuaine / ciú: *a queue* | caithimid ár gcuid ama: *we spend our time* |
| ceapaire liamháise / cáise / sailéad: *ham / cheese / salad sandwich* | mo chéad rang eile: *my next class* | ag caint is ag comhrá: *chatting* |
| taisceadán / cealltán: *locker* | an oíche roimh ré: *the night before* | |

**(c)** Líon na bearnaí leis na focail oiriúnacha chun freagra ar an gceist thuas a chríochnú.
*Fill in the blanks with the appropriate words to complete the answer to the above question.*

Níl ceaintín ná seomra lóin againn sa scoil. ............... na daltaí a lóin amuigh sa chlós ach má bhíonn sé ag cur báistí nó ag cur sneachta nó an-fhuar ............... istigh sa seomra ranga.
   Déanaim ............... sa bhaile an oíche roimh ré agus tógaim ar scoil é. Buailim le ............... agus ithimid ár lóin le chéile sa ............... Ansin, caithimid ár gcuid ama ag caint is ag comhrá. Éistimid le ............... nó féachaimid ar fhíseáin cheoil ar ár ............... Ansin, téim go dtí mo ............... agus bailím mo chuid leabhar do ranganna an tráthnóna agus ansin téim ar aghaidh go dtí mo chéad rang eile.

**(d)** Is ball den chlub scannánaíochta mé. Buailimid le chéile gach Déardaoin. Ithimid lón agus féachaimid ar scannáin. Bíonn Iníon de Búrca / An tUasal Ó Broin i gceannas. Tugann an múinteoir agus na daltaí scannáin isteach agus piocann / roghnaíonn an grúpa ceann le taispeáint.

**Nathanna áisiúla**

fiseáin cheoil: *music videos*
is ball den chlub ... mé: *I am a member of the ... club*
imrímid: *we play*
buailimid le chéile gach: *we meet (together) every ...*
caithimid am lóin ag: *we spend lunchtime ...*
féachaimid ar: *we look at ...*
pléimid: *we discuss ...*
piocann / roghnaíonn an grúpa: *the group picks / discusses*

**4.** Cad a dhéanann tú tar éis scoile gach lá? – *What do you do after school every day?*

Traic 27

Bhuel, de ghnáth tógaim sos tar éis scoile go dtí a ceathair a chlog. Ithim rud éigin agus ligim mo scíth. Ansin téim díreach abhaile / go dtí leabharlann na scoile agus déanaim m'obair bhaile go dtí a sé a chlog.
   Ansin téim abhaile. Tar éis dinnéir caithim uair an chloig ag féachaint ar an teilifís / ag éisteacht le ceol / ag caint is ag comhrá le mo chlann / ag caint is ag comhrá le mo chairde ar Facebook.
   Ansin, fillim ar an obair. Ag a deich a chlog cuirim mo chuid leabhar i mo mhála scoile, déanaim cupán tae agus ligim mo scíth. Uaireanta féachaim ar rud éigin ar mo ríomhaire glúine roimh dhul a chodladh.

**Caibidil 10**

**5. An bhfuil post páirtaimseartha agat? Inis dom faoi.** – *Do you have a part-time job? Tell me about it.*

**Níl / Tá**. *I do not / I do (have a job).*

**Freagair na ceisteanna seo a leanas chun cur síos a dhéanamh ar phost páirtaimseartha atá agat. Féach ar an gceist chéanna san Aimsir Chaite i gCaibidil 9.**

- Cá bhfuil tú ag obair?
- Conas a fuair tú an post?
- Cad iad na laethanta a oibríonn tú?
- Cén t-am a thosaíonn tú?
- Cén t-am a chríochnaíonn tú?
- Cad a dhéanann tú sa phost?
- An bhfuil an obair deacair / éasca / suimiúil / leadránach / dúshlánach?
- Cé mhéad airgid a fhaigheann tú gach seachtain?
- An bhfuil na daoine eile deas / cairdiúil / míchairdiúil?
- An maith leat an post? Cén fáth?

_____
_____
_____
_____
_____
_____
_____
_____
_____
_____
_____
_____
_____
_____

**6. Cad a dhéanann tú ar do laethanta saoire gach samhradh?**
*What do you do on your holidays every summer?*

**Cuir Gaeilge ar an bhfreagra thíos. Féach ar na nathanna áisiula thíos.**
*Translate the following answer into Irish. Look at the useful phrases below.*

Well, I am (do be) tired after the school year, so I relax for a week. I stay in bed until about 10 o'clock every day and then I spend the day with my friends, listening to music and chatting.

## Bua sa Bhéaltriail

I have a summer job every summer, working in my local garden centre. I got the job when I was in Transition Year. I work from Tuesday to Saturday. I begin work at 10 o'clock every day and finish at 6 o'clock. I look after the plants and attend to the customers. The other workers are friendly, and I like the work because I love plants and flowers and it helps me with biology in school. I get €220 a week. I am saving for a holiday with my friends after the Leaving Cert.

**Nathanna áisiúla**
Dé Máirt go dtí Dé Sathairn: *Tuesday to Saturday*
oibrím: *I work*
tugaim aire do: *I look after*
freastalaím ar: *I attend to*
custaiméirí: *customers*
cabhraíonn sé liom: *It helps me*
tá mé ag sábháil / ag cur airgid i leataobh: *I am saving*
do laethanta saoire: *for a holiday*

**Bhuel, bíonn tuirse orm tar éis na scoilbhlaina agus mar sin . . .**

_____
_____
_____
_____
_____
_____
_____
_____
_____
_____
_____
_____
_____
_____
_____
_____
_____
_____

**Caibidil 10**

**7. Inis dom faoi do ról mar chinnire / mar mhaor scoile.**
*Tell me about your role as a school prefect.*

Traic 28

### Freagra samplach

Is cinnire / maor scoile mé. Tá dualgais éagsúla orm. Uaireanta bím i gceannas ar na daltaí i mbialann na scoile / sa chlós ag am lóin. Uaireanta eile, bím i gceannas ar gheata na scoile mar níl cead ag na daltaí dul amach i rith am scoile.

Ach is iad na dualgais is mó atá orm ná aire a thabhairt do na daltaí sa chéad bhliain, cabhrú leis na múinteoirí nuair is gá agus dea-shampla a thabhairt do na daltaí eile sa scoil.

**8. Inis dom faoi Chomhairle na nDaltaí** – *Tell me about the Student Council.*

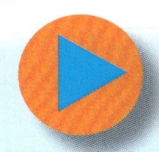

Traic 29

### Freagra samplach

Tá beirt dhaltaí ó gach bliain mar bhaill den Chomhairle. Tagann an Chomhairle le chéile uair sa mhí chun cúrsaí scoile a phlé. Tagann siad le chéile i rith am scoile / tar éis am scoile.

Má tá aon rud ag teastáil ó na daltaí is féidir é a phlé agus a chur faoi bhráid an phríomhoide. Mar shampla, an bhliain seo caite bhí scairdeán uisce ag teastáil ó na daltaí agus fuair siad é.

Uaireanta bíonn imní ar na daltaí faoi rud éigin, mar shampla bulaíocht, agus tugann sé seans dúinn é a phlé. Uaireanta eile, cuireann an príomhoide rud éigin faoi bhráid na comhairle, mar shampla rud a bhaineann le rialacha na scoile nó imeachtaí na scoile.

Is maith liom a bheith i mo bhall den Chomhairle agus is onóir mhór í mar tugann sé seans do na daltaí a dtuairimí a nochtadh.

**9. An imríonn tú spórt? Inis dom faoi na cluichí a imríonn tú.**
*Do you play sport? Tell me about the games you play.*

Traic 30

### Freagra samplach

Imrím cispheil. Bíonn cúigear ar fhoireann cispheile. Imrítear an cluiche ar chúirt. Imríonn an t-imreoir is airde i lár na cúirte ag uimhir a 5. Imríonn na himreoirí arda eile mar thosaithe agus na himreoirí is lú mar 'ghardaí' *(as 'guards')* ag uimhir a haon is a dó.

Faigheann imreoir aon phointe, dhá phointe nó trí phointe nuair a théann an liathróid isteach sa chiseán *(basket)*. Braitheann sé ar an áit ina seasann an t-imreoir.

Níl cead ag imreoirí níos mó ná dhá chéim a thógáil leis an liathróid ná stopadh agus tosú arís ag preabadh na liathróide nó do lámh a bheith faoin liathróid.

Is spórt tapaidh agus sceitimíneach é agus bainim taitneamh as.

### Nathanna áisiúla

| | |
|---|---|
| dualgais éagsúla: *various duties* | is airde: *tallest* |
| nuair is gá: *when necessary* | is lú: *smallest* |
| uair sa mhí: *once a month* | braitheann sé: *it depends on* |
| cúrsaí scoile a phlé: *to discuss school affairs* | ag preabadh na liathróide: *bouncing the ball* |
| a chuir faoi bhráid: *submit to* | sceitimíneach: *exciting* |
| a dtuairimí a nochtadh: *to express their opinions* | |

# Bua sa Bhéaltriail

> ### 💡 Leid / Hint
>
> **Bain úsáid as briathra éagsúla. Ní féidir mórán marcanna a fháil ar bhriathar amháin a úsáid faoi dheich!**
> *Use a variety of verbs. You will not get many marks for repeating the same verb ten times!*

## Do scéal féin / Your personal answer

**Anois freagair do rogha ceann amháin de na ceisteanna seo a leanas agus tabhair do do mhúinteoir é chun é a cheartú:**

*Write your personal answer to your choice of one of the following questions and give it to your teacher for correction.*

1. Cad a dhéanann tú gach deireadh seachtaine?
2. Cad a dhéanann tú gach samhradh?
3. An bhfuil post páirtaimseartha agat? Inis dom faoi.

### Fócas ar an Scrúdú / Exam Focus

**Cleachtadh a dhéanann máistreacht! Ceartaigh aon bhotúin a rinne tú agus athscríobh do chuntas ar an leathanach cuí ag deireadh an leabhair seo. Cleachtaigh go rialta é.**

*Practice makes perfect! Correct any mistakes you made and rewrite your account on the appropriate page at the end of this book. Practise it regularly.*

Bua sa Bhéaltriail

# Caibidil 11
# Ceisteanna san Aimsir Fháistineach agus sa Mhodh Coinníollach /
# Questions in the Future Tense and the Conditional Mood

Sa chaibidil seo déanfaidh tú cleachtadh ar cheisteanna is freagraí san Aimsir Fháistineach agus sa Mhodh Coinníollach.
*In this chapter you will practise questions and answers in the Future Tense and Conditional Mood.*

Is í aidhm na ceiste seo sa bhéaltriail ná a fháil amach an bhfuil an Aimsir Fháistineach agus an Modh Coinníollach ar eolas agat. Mar sin, bain úsáid as réimse leathan de bhriathra éagsúla.
*The aim of this question in the oral exam is to see if you can speak in the Future Tense and Conditional Mood. Therefore, use a wide variety of verbs.*

Chun cabhrú leat tá:

- **Na rialacha don Aimsir Fháistineach agus don Mhodh Coinníollach** – *the rules for putting verbs into the Future Tense and Conditional Mood.*
- **Na Briathra Neamhrialta san Aimsir Fháistineach agus sa Mhodh Coinníollach** – *the Irregular Verbs in the Future Tense and Conditional Mood.*
- **Liosta Briathra Comónta** – *a list of common Irish verbs*
- **Ceisteanna is freagraí samplacha** – *sample questions and answers*

> 💡 **Leid / Hint**
>
> Foghlaim na nathanna áisiúla tar éis gach aon fhreagra samplach sa chaibidil seo.
> *Learn the useful phrases after each sample answer in this chapter.*

134

## Na Rialacha don Aimsir Fháistineach / Rules for the Future Tense

In the Future Tense, as with the Present Tense, we add an ending to the root of the verb depending upon:
1. whether the root of the verb has **one syllable** (dún) or **two syllables** (ceann/aigh), and
2. whether it is **broad** or **slender**

*A **broad verb** is one where the final or only vowel in the root of one-syllable verbs is broad. (e.g. fé**ach**) or where the **final syllable** is broad (aigh) in two-syllable verbs (e.g. críochn**aigh**).

*A **slender verb** is one where the final **vowel** in the root of one-syllable verbs is slender (e.g. bua**il**) or the **final syllable** is slender (igh) in **two-syllable** verbs (e.g. éir**igh**).

Check back here when you are writing your answers and these rules will become familiar to you as you practise. See the examples below:

| | | | |
|---|---|---|---|
| Dún**faidh** mé | I will close | Bris**fidh** mé | I will break |
| Dún**faidh** tú/sé/sí | you/he/she will close | Bris**fidh** tú/sé/sí | you/he/she will break |
| Dún**faimid** | we will close | Bris**fimid** | we will break |
| Dún**faidh** sibh/siad | you (pl) / they will close | Bris**fidh** sibh/siad | you (pl)/they will break |
| Ceann**óidh** mé | I will buy | Éir**eoidh** mé | I will get up |
| Ceann**óidh** tú/sé/sí | you/he/she will buy | Éir**eoidh** tú/sé/sí | you/he/she will get up |
| Ceann**óimid** | we will buy | Éir**eoimid** | we will get up |
| Ceann**óidh** sibh/siad | you (pl) / they will buy | Éir**eoidh** sibh/siad | you(pl)/they will get up |

*Remember: **sé**, as well as meaning 'he' also means 'it', e.g. tosóidh sé ag a naoi a chlog (it will start at 9 o'clock)

**An Fhoirm Dhiúltach / Negative Form**
  **Ní + h** *(except for vowels)*
Ní dhúnfaidh / Ní bhrisfimid / Ní cheannóidh / Ní éireoimid

**An Fhoirm Cheisteach / Question Form**
  **An + urú** *(except for vowels)*
An ndúnfaidh tú? / An mbrisfidh sé? / An gceannóidh siad? / An éireoidh sí?

# Bua sa Bhéaltriail

## Na Briathra Neamhrialta / Irregular Verbs

| | |
|---|---|
| *I will be / I will not be* | Beidh mé / **Ní** bheidh mé |
| *We will be / We will not be* | Beimid / **Ní** bheimid |
| *I will go / I will not go* | Rachaidh mé / **Ní** rachaidh mé |
| *We will go / We will not go* | Rachaimid / **Ní** rachaimid |
| *I will do/make / I will not do/make* | Déanfaidh mé / **Ní** dhéanfaidh mé |
| *We will do/make / We will not do/make* | Déanfaimid / **Ní** dhéanfaimid |
| *I will get/find / I will not get/find* | Gheobhaidh mé / **Ní** bhfaighidh mé |
| *We will get/find / We will not get/find* | Gheobhaimid / **Ní** bhfaighimid |
| *I will see / I will not see* | Feicfidh mé / **Ní** fheicfidh mé |
| *We will see / We will not see* | Feicfimid / **Ní** fheicfimid |
| *I will say / I will not say* | Déarfaidh mé / **Ní** déarfaidh mé |
| *We will say / We will not say* | Déarfaimid / **Ní** déarfaimid |
| *I will hear / I will not hear* | Cloisfidh mé / **Ní** chloisfidh mé |
| *We will hear / We will not hear* | Cloisfimid / **Ní** chloisfimid |
| *I will give / I will not give* | Tabharfaidh mé / **Ní** thabharfaidh mé |
| *We will give / We will not give* | Tabharfaimid / **Ní** thabharfaimid |
| *I will come / I will not come* | Tiocfaidh mé / **Ní** thiocfaidh mé |
| *We will come / We will not come* | Tiocfaimid / **Ní** thiocfaimid |
| *I will eat / I will not eat* | Íosfaidh mé / **Ní** íosfaidh mé |
| *We will eat / We will not eat* | Íosfaimid / **Ní** íosfaimid |
| *I will catch / I will not catch* | Béarfaidh mé ar / **Ní** bhéarfaidh mé ar |
| *We will catch / We will not catch* | Béarfaimid ar / **Ní** bhéarfaimid ar |

**Briathra Comónta** / *Common verbs*

## A

| | |
|---|---|
| Answer | Freagair |
| Ask (a Q) | Fiafraigh de |
| Ask (do something) | Iarr ar |
| Attack | Ionsaigh |

## B

| | |
|---|---|
| Be | Bí* |
| Begin / Start | Tosaigh |
| Beat / Hit | Buail |
| Break | Bris |
| Buy | Ceannaigh |
| Believe | Creid |

## C

| | |
|---|---|
| Call | Glaoigh ar |
| Catch | Beir* ar |
| Change | Athraigh |
| Clean | Glan |
| Climb | Dreap |
| Collect | Bailigh |
| Come | Tar* |
| Cut | Gearr |
| Cycle | Rothaigh |

## D

| | |
|---|---|
| Decide | Socraigh |
| Divide | Roinn |
| Do / Make | Déan* |
| Dress | Gléas |
| Drink | Ól |
| Drive | Tiomáin |

## E

| | |
|---|---|
| Eat | Ith* |
| Escape | Éalaigh |
| Examine | Scrúdaigh |

## F

| | |
|---|---|
| Fall | Tit |
| Fail | Teip ar |
| Fight | Troid |
| Find / Get | Faigh* |
| Finish | Críochnaigh |
| Fix / Repair | Deisigh |
| Follow | Lean |

## G

| | |
|---|---|
| Get / Find* | Faigh* |
| Get up | Éirigh |
| Grow | Fás |
| Go | Téigh* |
| Give | Tabhair* |

## H

| | |
|---|---|
| Hear* | Clois* |
| Help | Cabhraigh le |
| Hit | Buail |
| Hurry | Brostaigh |
| Hurt / Injure | Gortaigh |

## J

| | |
|---|---|
| Jump | Léim |

## K

| | |
|---|---|
| Keep | Coimeád |
| Kill | Maraigh |
| Kiss | Póg |
| Knock (on door) | Cnag |
| Knock down | Leag |

*Irregular verb

## L

| | |
|---|---|
| Laugh | Gáir |
| Leave | Fág |
| Lie (untruth) | Inis (bréag) |
| Lie (down) | Luigh (síos) |
| Light | Las |
| Listen (to) | Éist (le) |
| Live | Cónaigh |
| Look (at) | Féach (ar) |
| Lose | Caill |

## M

| | |
|---|---|
| Make / Do | Déan* |
| Marry | Pós |
| Meet | Buail le |

## O

| | |
|---|---|
| Open | Oscail |
| Order | Ordaigh |

## P

| | |
|---|---|
| Pay | Íoc as |
| Pick | Pioc |
| Play (sport) | Imir |
| Play (instrument) | Seinn |
| Prepare | Ullmhaigh |
| Pretend | Lig ar |
| Promise | Geall |
| Put | Cuir |

## R

| | |
|---|---|
| Read | Léigh |
| Reach | Sroich |
| Refuse | Diúltaigh |
| Rob/Steal | Goid |
| Run | Rith |

## S

| | |
|---|---|
| Say | Abair* |
| Save | Sábháil |
| Scream | Scread |
| See | Feic* |
| Sell | Díol |
| Shout | Béic |
| Show | Taispeáin |
| Sing | Can |
| Sit | Suigh |
| Sleep | Codail |
| Smoke | Caith tobac |
| Speak | Labhair |
| Spend | Caith |
| Stand | Seas |
| Start | Tosaigh |
| Stay | Fan |
| Steal | Goid |
| Stop | Stop/Stad |

## T

| | |
|---|---|
| Take | Tóg |
| Take off | Bain de |
| Tell | Inis do |
| Thank | Gabh buíochas le |
| Think (a fact) | Ceap |
| Think (about) | Smaoinigh |
| Throw | Caith |
| Turn / Twist | Cas |

## U

| | |
|---|---|
| Use | Úsáid / Bain úsáid as |

## W

| | |
|---|---|
| Wake up | Dúisigh |
| Walk | Siúil |
| Wash | Nigh |
| Win | Buaigh |
| Work | Oibrigh |
| Write | Scríobh |

*Irregular Verb

# Ceisteanna Samplacha san Aimsir Fháistineach / Sample Questions in the Future Tense

1. **Cén plean atá agat don samhradh seo chugainn? / Céard a dhéanfaidh tú tar éis na hArdteiste?**
   *What plan do you have for next summer?/ What will you do after the Leaving Cert?*
2. **Cad a dhéanfaidh tú an deireadh seachtaine seo chugainn?**
   *What will you do next weekend?*
3. **Cad a dhéanfaidh tú tar éis an scrúdaithe seo?**
   *What will you do after this exam?*

**NB**

Many of the answers in this chapter are almost identical to the answers in the Past Tense in Chapter 9 and the Present Tense in Chapter 10. Use the same vocabulary and phrases to help you learn them. Once you have mastered the answers you can change the details as you wish.

## Leid / Hint

Tá briathra san Aimsir Fháistineach faoi chló daite i ngach freagra thíos.
*The verbs in the Future Tense are coloured in each answer below.*

### 1. Cén plean atá agat don samhradh seo chugainn?
*What plan do you have for next summer?*

**Traic 31**

### Freagra samplach

**(a)** Bhuel, ar ndóigh beidh tuirse orm tar éis na scoilbhliana agus na scrúduithe agus mar sin ligfidh mé mo scíth ar feadh cúpla seachtain. Fanfaidh mé sa leaba gach maidin agus éistfidh mé le ceol, léifidh mé leabhar nó féachfaidh mé ar scannán ar mo ríomhaire glúine.

Caithfidh mé a lán ama le mo chairde – rachaimid go dtí an phictiúrlann, ag siopadóireacht agus go clubanna oíche ag an deireadh seachtaine.

Ansin tosóidh mé ag obair in ollmhargadh áitiúil. Tá post samhraidh agam ann ó bhí mé san Idirbhliain. Tosóidh mé ar a naoi a chlog ar maidin agus críochnóidh mé ar a sé gach lá. Níl an obair ró-shuimiúil ach níl sé ró-dheacair ach an oiread agus tá an pá go maith. Oibreoidh mé ann ar feadh dhá mhí go lár mhí Lúnasa agus cuirfidh mé airgead i leataobh do mo laethanta saoire.

Ansin, rachaidh mé ar laethanta saoire le mo chairde scoile / mo chlann go dtí an Spáinn. Beimid ag fanacht in árasán / in óstán in Alicante. Rachaidh mé ag snámh gach lá agus ag sú na gréine. Íosfaimid dinnéar sna bialanna áitiúla gach oíche agus rachaimid ag damhsa i gclubanna oíche gach oíche. Táim cinnte go mbeidh an-chraic againn agus go mbainfidh mé an-taitneamh as.

Nuair a fhillfidh mé abhaile beidh orm roinnt ullmhúchán a dhéanamh chun dul ar aghaidh ar an gcoláiste agus táim ag tnúth go mór le sin freisin.

**Nathanna áisiúla**

| | |
|---|---|
| ligfidh mé mo scíth: *I will relax* | cuirfidh mé airgead i leataobh: *I will save money* |
| bainfidh mé taitneamh as: *I will enjoy it* | caithfidh mé mo chuid ama ag: *I will spend my time* |

## Bua sa Bhéaltriail

**(b)** Tá súil agam post samhraidh a fháil. Bhí post agam an bhliain seo caite i bpictiúrlann áitiúil agus tá súil agam go mbeidh post agam ann arís i mbliana. Má tá, beidh mé ag obair ó a haon déag a chlog ar maidin go dtí a hocht san oíche. Díolfaidh mé ticéid leis na custaiméirí agus taispeánfaidh mé a suíocháin dóibh. Beidh mé ag obair sa siopa freisin. Is maith liom an post mar tá na daoine eile ann an-chairdiúil agus is féidir liom na scannáin go léir a fheiceáil saor in aisce.

Beidh mé ag fáil timpeall céad caoga euro in aghaidh na seachtaine. Cuirfidh mé roinnt airgid i leataobh mar beidh mé ag dul ar laethanta saoire le mo chlann / mo chairde i mí Lúnasa. Beidh airgead ag teastáil uaim an bhliain seo chugainn nuair a bheidh mé san ollscoil / ar an gcoláiste.

*Traic 32*

### Nathanna áisiúla
saor in aisce: *free of charge*  
in aghaidh na seachtaine: *per week*  
ag teastáil uaim: *I will need*

**2. Cad a dhéanfaidh tú an deireadh seachtaine seo chugainn?**
*What will you do next weekend?*

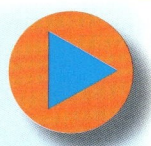

*Traic 33*

### Freagra samplach
Bhuel, ar ndóigh beidh tuirse orm tar éis na seachtaine ar scoil agus mar sin ligfidh mé mo scíth oíche Dé hAoine is ní rachaidh mé ag staidéar i leabharlann na scoile mar is gnách dom.

Rachaidh mé díreach abhaile, íosfaidh mé mo dhinnéar agus caithfidh mé cúpla uair ag féachaint ar scannán ar mo ríomhaire glúine nó ag léamh leabhair, agus ansin rachaidh mé a luí go luath.

Dé Sathairn éireoidh mé ar a hocht a chlog agus tosóidh mé ag staidéar díreach tar éis bricfeasta. Buailfidh mé le mo chara agus rachaimid go dtí an leabharlann áitiúil chun staidéar le chéile. Caithfimid an lá ansin go dtí go ndúnfar an leabharlann ag a sé a chlog. B'fhéidir go rachaimid amach go club oíche níos déanaí.

Dé Domhnaigh tabharfaidh mé cuairt ar Mhamó agus ar Dhaideo. Caithfidh mé cúpla uair ag staidéar tar éis lóin agus ansin féachfaidh mé ar an gclár is fearr liom ar an teilifís tráthnóna Dé Domhnaigh. Ansin rachaidh mé a luí mar éirím ag a seacht a chlog gach maidin scoile.

(Rachaidh mé go dtí an mosc Dé hAoine / go dtí an tsionagóg Dé Sathairn / ar Aifreann / go dtí an séipéal Dé Domhnaigh.

### Nathanna áisiúla
tabharfaidh mé cuairt ar: *I will visit*  
rachaidh mé a luí: *I will go to bed*

**3. Cad a dhéanfaidh tú tar éis an scrúdaithe seo?** – *What will you do after this exam?*

## Freagra samplach

Traic 34

Tógfaidh mé / Glacfaidh mé sos gearr agus ansin beidh orm dul ar ais go dtí mo sheomra ranga. Beidh rang Béarla / Mata … agam ag fiche tar éis a dó. Rachaidh mé díreach abhaile tar éis scoile agus ligfidh mé mo scíth don oíche mar beidh mo bhéaltriail sa Ghaeilge agus sa Fhraincis / Ghearmáinis / Spáinnis críochnaithe agam. Beidh áthas an domhain orm!

## Do scéal féin / Your personal answer

Anois freagair do rogha ceann amháin de na ceisteanna seo a leanas agus tabhair do do mhúinteoir é chun é a cheartú:.

*Write your personal answer to your choice of one of the following questions, and give it to your teacher for correction.*

- Cén plean atá agat don samhradh seo chugainn/tar éis na hArdteiste?
- Cad a dhéanfaidh tú an deireadh seachtaine seo chugainn?

# Bua sa Bhéaltriail

### Fócas ar an Scrúdú / Exam Focus

**Cleachtadh a dhéanann máistreacht! Ceartaigh aon bhotúin a rinne tú agus athscríobh do chuntas ar an leathanach cuí ag deireadh an leabhair seo. Cleachtaigh go rialta é.**
*Practice makes perfect! Correct any mistakes you made and rewrite your account on the appropriate page at the end of this book. Practise it regularly.*

## Na Rialacha don Modh Coinníollach / Rules for the Conditional Mood

The Modh Coinníollach has the reputation of being the most difficult tense to learn. However, when speaking about yourself it is the easiest tense of all because all the verbs end in the sound '-hing' or '–o-ing'! (*In the oral Irish you will always be talking about yourself in this tense – what I would do.*)

**Look at the examples below:**

| | |
|---|---|
| **Chuirfinn** (chuir-hing) | I would put |
| **Chaithfinn** (chaith-hing) | I would spend *(the 'f' is always silent)* |
| **Cheannóinn** (cheann-o-ing) | I would buy |
| **Rachainn** (rock-ing) | I would go |

If you are speaking about how you would feel or what you would have use **Bheadh**\*.

| | |
|---|---|
| **Bheadh áthas an domhain orm** | I would be delighted |
| **Bheadh eagla orm** | I would be scared |
| **Bheadh sceitimíní orm** | I would be excited |
| **Bheadh cóisir mhór agam** | I would have a big party |

\***Bheadh** (vay-ock)

**An Fhoirm Cheisteach / Question Form**

 **An + urú** *(except for vowels)*

In the Modh Coinníollach you normally ask a question by saying 'Céard a dhéanfá' instead of 'Céard a dhéanfadh tú'.

**An Fhoirm Dhiúltach / Negative Form**

 **Ní + h** *(except for vowels)*

**Ní** chuirfinn / **Ní** cheannóinn / **Ní** éireoinn / **Ní** fhéachfainn

**NB**

**Ba mhaith liom** (*I would like*) / **Níor mhaith liom** (*I would not like*)

# Bua sa Bhéaltriail

**Na Briathra Neamhrialta / Irregular Verbs**

| | |
|---|---|
| I would be | Bheinn *(vie-ing or vay-ing)* |
| I would not be | Ní bheinn |

Mar shampla:

| | |
|---|---|
| I would be satisfied | Bheinn sásta |
| I would be delighted | Bheadh ríméad orm |
| I would have a lot of new friends! | Bheadh a lán cairde nua agam! |
| I would have a lot of work to do. | Bheadh a lán oibre le déanamh agam |
| | |
| I would get / I would not get | Gheobhainn / Ní bhfaighinn |
| I would go / I would not go | Rachainn / Ní rachainn |
| I would give / I would not give | Thabharfainn / Ní thabharfainn |
| I would eat / I would not eat | D'íosfainn / Ní íosfainn |
| I would do (make) / I would not do (make) | Dhéanfainn / Ní dhéanfainn |
| I would see / I would not see | D'Fheicfinn / Ní fheicfinn |
| I would hear / I would not hear | Chloisfinn / Ní chloisfinn |
| I would come / I will not come | Thiocfainn / Ní thiocfainn |
| I would say / I would not say | Déarfainn / Ní déarfainn |
| I would catch / I would not catch | Bhéarfainn / Ní bhéarfainn |

## Ceachtanna Foclóra / Vocabulary exercises

**Cuir Gaeilge ar na habairtí seo a leanas:**

1. I would put money in the bank. _____

2. I would go on a holiday to Africa. _____

3. I would take my sister on a shopping trip to New York and I would buy lots of new clothes. _____

4. I would give money to some charitable organisations (eagraíochtaí carthanachta). _____

5. I would call the ambulance and Gardaí. _____

6. I would stay with the person and I would put a blanket on him/her. _____

7. I would be delighted!

8. I would be scared to death!

9. I would have a lot of work to do.

10. I would have a party for my family and friends.

## Ceisteanna / Questions

**1. Céard a dhéanfá dá mbuafá An Crannchur Náisiúnta (Lotto)?**
*What would you do if you won the National Lottery?*

Traic 35

| | |
|---|---|
| Bhuel, dar ndóigh, bheadh áthas an domhain orm! | Well, of course, I would be delighted! |
| I dtosach cheannóinn . . . | Firstly, I would buy . . . |
| Ghlanfainn morgáiste mo thuistí . . . | I would clear my parents' mortgage. |
| Thabharfainn airgead do . . . | I would give money to . . . |
| Rachainn ar laethanta saoire go dtí . . . | I would go on holidays to . . . |
| Chuirfinn roinnt airgid sa bhanc do lá na báistí / don todhchaí. | I would put some money in the bank for the rainy day / the future. |
| Bheadh cóisir mhór agam do mo chlann is mo chairde | I would have a big party for my family and friends |

**2. Céard a dhéanfá dá mbeifeá i d'Aire Oideachais agus Scileanna?**
*What would you do if you were the Minister for Education and Skills?*

Traic 36

| | |
|---|---|
| Chuirfinn níos mó airgid isteach sa chóras oideachais. | I would put more money into the educational system. |
| Thógfainn scoileanna nua mar tá a lán sean-scoileanna timpeall na tíre atá ag titim as a chéile. | I would build new schools because there are a lot of old schools around the country that are falling apart. |
| Thabharfainn pointí CAO do dhaltaí do Ghradam na Sraithe Sóisearaí, mar sin d'oibreoidís níos fearr. | I would give CAO points to students for the Junior Cycle Student Award so they would work harder. |

| | |
|---|---|
| **Chuirfinn níos mó béime ar chúrsaí ríomhaireachta agus teicneolaíochta sna scoileanna. Seo na scileanna atá ag teastáil i saol na hoibre.** | *I would put more emphasis on computers and technology courses in schools. These are the skills that are needed in the world of work.* |
| **Thabharfainn níos mó airgid do na múinteoirí agus níos mó laethanta saoire do na daltaí!** | *I would give more money to teachers and more holidays to the students!* |

### 3. Céard a dhéanfá dá mbeifeá i do phríomhoide ar an scoil seo?
*What would you do if you were principal of this school?*

Traic 37

| | |
|---|---|
| **Chuirfinn cosc ar éide scoile mar is cur amú airgid iad i mo thuairim / mar tá siad an-daor agus níl an t-airgead ag tuismitheoirí anois.** | *I would ban school uniforms because in my opinion they are a waste of money / because they are very dear and parents don't have the money now.* |
| **Thabharfainn taibléidí do gach dalta agus mar sin bheidís in ann e-leabhair a úsáid.** | *I would give tablets to every student and then they would be able to use e-books.* |
| **Chuirfinn níos mó ranganna corpoideachais ar an amchlár.** | *I would put more PE classes on the timetable.* |
| **Thosóinn an lá scoile níos déanaí / níos luaithe.** | *I would start the school day later / earlier.* |
| **Chríochnóinn an lá scoile níos déanaí / níos luaithe.** | *I would finish the school day later / earlier.* |

### 4. Céard a dhéanfá dá dtiocfá ar thimpiste bhóthair?
*What would you do if you came upon a traffic accident?*

Traic 38

| | |
|---|---|
| **Chuirfinn glaoch ar na Gardaí.** | *I would call the Gardaí.* |
| **Ghlaofainn ar otharcharr dá mbeadh aon duine gortaithe.** | *I would call an ambulance if anyone was injured.* |
| **D'fhanfainn leis an duine gortaithe.** | *I would stay with the injured person.* |
| **Chuirfinn blaincéad nó cóta air / uirthi chun é / í a choimeád te.** | *I would put a blanket or coat on him / her to keep him / her warm.* |
| **Ní thabharfainn aon deoch dó/di mar bheadh sé sin dainséarach.** | *I would not give him/her a drink because that would be dangerous* |

| | |
|---|---|
| **Ní bhogfainn an duine mar bheadh sé sin dainséarach.** | *I would not move the person because that would be dangerous.* |
| **Labhróinn leis an duine chun é a chur ar a s(h)uaimhneas.** | *I would speak to the person to reassure him / her.* |

### 5. Céard a dhéanfá dá mbeifeá i do Thaoiseach?

Traic 39

| | |
|---|---|
| **Bheadh áthas an domhain orm!** | *I would be delighted!* |
| **Bheadh uafás an domhain orm!** | *I would be horrified!* |
| **Ba bhreá liom an post!** | *I would love the job!* |
| **B'fhuath liom an post.** | *I would hate the job.* |
| **Caithfidh mé a rá nach bhfuil a fhios agam céard a dhéanfainn.** | *I must say that I don't know what I would do.* |
| **Chuirfinn níos mó airgid isteach sa chóras oideachais.** | *I would put more money into the education system.* |
| **Ní thabharfainn euro eile do na bainc!** | *I would not give another euro to the banks!* |
| **Dhéanfainn níos mó post do dhaoine.** | *I would create more jobs for people.* |
| **Thabharfainn níos mó airgid do bhanaltraí mar sílim gur post an-deacair agus tábhachtach é.** | *I would give more money to nurses because I think it is a very difficult and important job.* |
| **D'oibreoinn go dian ar leas na ndaoine.** | *I would work hard on behalf of the people.* |
| **Dhéanfainn níos mó infheistíochta sa chóras sláinte.** | *I would make more investment in the health system.* |
| **Dhéanfainn mo dhícheall níos mó post a chruthú do mhuintir na tíre.** | *I would do my best to create more jobs for the people of the country.* |
| **Chloisfinn an-chuid gearán!** | *I would hear a lot of complaints!* |

## Bua sa Bhéaltriail

> ### Leid / Hint
>
> Ná déan dearmad: Mura dtuigeann tú ceist, abair 'Gabh mo leithscéal / Tá brón orm. Ní thuigim an cheist.' Ná suigh i do thost agus líonrith ort!
>
> *Remember: If you do not understand a question, say 'Gabh mo leithscéal / Tá brón orm. Ní thuigim an cheist.' The examiner will ask it again, perhaps in a different or simpler way. Don't sit in silence, panicking!*

### Do scéal féin / Your personal answer

Anois, freagair an cheist thíos go pearsanta. Tabhair do do mhúinteoir é chun é a cheartú.
'Céard a dhéanfá dá mbuafá An Crannchur Náisiúnta?'

### Fócas ar an Scrúdú / Exam Focus

**Cleachtadh a dhéanann máistreacht! Ceartaigh aon bhotúin a rinne tú agus athscríobh do chuntas ar an leathanach cuí ag deireadh an leabhair seo. Cleachtaigh go rialta é.**
*Practice makes perfect! Correct any mistakes you made and rewrite your account on the appropriate page at the end of this book. Practise it regularly.*

# Caibidil 12
## Cúrsaí Reatha agus Topaicí Eile / Current Affairs and Other Topics

Sa chaibidil seo foghlaimeoidh tú conas labhairt faoi chúrsaí reatha agus faoi na topaicí eile thíos:

*In this chapter you will learn how to talk about current affairs and the other topics below:*

- **Cúrsaí reatha, cúrsaí eacnamaíochta** – *current affairs, economic issues*
- **Fadhbanna sóisialta** – *social problems*
- **Cúrsaí polaitíochta** – *political issues*
- **Cúrsaí oideachais** – *educational issues*
- **Cúrsaí sláinte** – *health issues*
- **Cúrsaí aeráide** – *climate issues*
- **An Ghaeilge** – *the Irish language*
- **Na meáin chumarsáide** – *the media*

**NB**

Tuigeann an scrúdaitheoir nach saineolaí tú ar gach ábhar ach tabharfaidh na boscaí foclóra thíos roinnt smaointe agus foclóra duit ar ábhair éagsúla.

*The examiner understands that you are not an expert in every field, but the vocabulary boxes below will give you some thoughts and vocabulary on various subjects.*

### Nathanna ginearálta chun tús a chur le do fhreagra / General phrases to begin your answer

| | |
|---|---|
| **Bhuel, mar is eol duit . . .** | *Well, as you know . . .* |
| **Bhuel, chun na fírinne a rá. . .** | *Well, to tell the truth . . .* |
| **Ó, a dhiabhail / a thiarcais, is ceist dheacair í sin.** | *Oh my goodness, that is a difficult question.* |
| **Ní saineolaí mé ar chúrsaí . . . ach tá roinnt tuairimí agam faoi.** | *I am not an expert on . . . but I have some opinions on it.* |
| **Caithfidh mé a rá . . .** | *I must say . . .* |
| **Tá mé idir dhá chomhairle faoi.** | *I am between two minds about it.* |
| **Ar an gcéad dul síos . . .** | *Firstly . . .* |
| **Is é mo thuairim . . .** | *It is my opinion . . .* |
| **De réir cosúlachta . . .** | *It appears that . . .* |
| **Is oth liom a rá . . .** | *I regret to say . . .* |

| | |
|---|---|
| **Caithfidh mé a admháil . . .** | *I must admit . . .* |
| **Níl mórán eolais agam ar an ábhar sin ach glacaim leis gur ceist chasta í.** | *I don't have much knowledge of that issue but I accept that it is a complex question.* |
| **Tá brón orm, níl aon eolas agam ar an ábhar sin.** | *I am sorry, I don't have any knowledge of that subject.* |
| **Tá brón orm, níl suim dá laghad agam san ábhar sin agus níl aon eolas agam air.** | *I'm sorry, I have no interest in that subject and I know nothing about it.* |
| **Tá brón orm ach níl tuairim dá laghad agam faoi.** | *I'm sorry but I haven't a clue about . . .* |

## Cúrsaí Eacnamaíochta / Economic Issues

### Ceisteanna / Questions

**1. Cad a cheapann tú faoi staid na tíre faoi láthair?**
*What do you think about the state of the country at the moment?*

**Do rogha nath oscailte anseo:**
*Your choice of opening phrase here:*

| | |
|---|---|
| **Tá an cúlú eacnamaíochta linn le roinnt blianta anuas.** | *The country is in recession for some years now.* |
| **Tá a lán daoine dífhostaithe.** | *A lot of people are unemployed.* |
| **Tá a lán daoine ag dul ar imirce, go mór mór daoine óga.** | *A lot of people are emigrating, especially young people.* |
| **Tá a lán daoine le hardchaighdeán oideachais ag dul ar imirce. An 'brain-drain' (an t-ainm) a thugtar air.** | *A lot of people with a high standard of education are emigrating. They call it the 'brain-drain'.* |
| **Níl sé sin go maith don tír / don gheilleagar.** | *It is not good for the country / economy.* |
| **Bíonn an Rialtas ag caint faoin 'smart economy' ach tá a lán daoine nach bhfaigheadh post sa 'smart economy' mar nach bhfuil an t-oideachas ná na scileanna acu.** | *The Government talks about the 'smart economy' but a lot of people would not get a job in the 'smart economy' because they don't have the education or the skills.* |
| **Tá fiacha móra ag daoine fós ó ré an Tíogair Cheiltigh agus níl an t-airgead acu le caitheamh.** | *People still have large debts from the Celtic Tiger era and they don't have the money to spend.* |

# Bua sa Bhéaltriail

| | |
|---|---|
| **Ghearr an Rialtas a lán cánach nua ar dhaoine le blianta beaga anuas.** | The Government imposed a lot of new taxes on people in the past few years. |
| **Mar sin, níl a lán airgid ag daoine le caitheamh sna siopaí.** | Therefore, people don't have a lot of money to spend in the shops. |

**2. Cad ba chóir don Rialtas a dhéanamh i do thuairim?**
*What should the Government do in your opinion?*

**Do rogha nath oscailte anseo:** *Your choice of opening phrase here:*

| | |
|---|---|
| **Ba chóir don Rialtas níos mó airgid a infheistiú i gcruthú post.** | The Government should invest more in job creation. |
| **Ba chóir níos mó béime a chur ar an teicneolaíocht is scileanna ríomhaireachta ar scoil.** | More emphasis should be put on technology and computer skills in schools. |
| **Ba chóir laghdú a dhéanamh ar an ráta cánach agus beidh daoine ábalta airgead a chaitheamh arís.** | The Government should reduce taxes, and people will be able to spend again. |
| **Ba chóir níos mó tacaíochta a thabhairt do dhaoine atá ag iarraidh a ngnó féin a bhunú.** | More support should be given to people who want to set up their own businesses. |

**3. An bhfuil imní ortsa faoin todhchaí?** *Are you worried about the future?*

| | |
|---|---|
| **Tá, beagáinín, ach tá súil agam go dtiocfaidh feabhas ar rudaí / ar chúrsaí.** | Yes, a little, but I hope things will improve. |
| **Tá. Tá fíor-imní orm. Ní fheicim aon fheabhas ag teacht ar rudaí / ar chúrsaí.** | Yes, I am very worried. I don't see any improvement coming. |
| **Níl, dáiríre. Sílim go mbeidh rudaí i bhfad níos fearr faoin am a thagaim amach as an gcoláiste.** | No, not really. I think that things will be much better by the time I come out of college. |
| **Níl, dáiríre. Níl aon imní orm faoi dhul ar imirce. Ba mhaith liom taisteal ar aon nós.** | No, not really. I'm not worried about having to emigrate. I would like to travel anyway. |
| **Níl sé chomh dona sin dul ar imirce na laethanta seo mar tá Skype agus rudaí mar sin ann.** | Emigrating is not that bad these days with Skype and things like that. |
| **Tá eitiltí abhaile saor go leor ó aon áit ar domhan freisin.** | Flights home from anywhere in the world are reasonably cheap also. |

**Caibidil 12**

## 1. 'Cad a cheapann tú faoi staid na tíre faoi láthair?'

*What do you think about the state of the country at the moment?*

### Freagra samplach

Ó a thiarcais, is ceist chasta í sin! Caithfidh mé a admháil nach saineolaí mé ar chúrsaí eacnamaíochta ach tá a fhios agam go bhfuil an cúlú eacnamaíochta linn sa tír le roinnt blianta anuas.

Tá a lán dífhostaíochta agus imirce sa tír, go mór mór i measc na n-óg. Tá fiacha móra ag a lán daoine agus tá siad ag maireachtáil *(living)* faoi bhrú airgid agus i mbochtanas.

Ba chóir don Rialtas níos mó airgid a infheistiú i gcruthú post mar tá sé an-tábhachtach do dhuine post a bheith aige nó aici. Ba chóir freisin níos mó tacaíochta a thabhairt do dhaoine atá ag iarraidh a ngnó féin a bhunú.

### Do scéal féin / Your personal answer

Anois, freagair an cheist seo a leanas go pearsanta. Tabhair do do mhúinteoir é chun é a cheartú.

'Cad é do thuairim faoi chúrsaí eacnamaíochta na tíre faoi láthair?'

### Fócas ar an Scrúdú / Exam Focus

Cleachtadh a dhéanann máistreacht! Ceartaigh aon bhotúin a rinne tú agus athscríobh do chuntas ar an leathanach cuí ag deireadh an leabhair seo. Cleachtaigh go rialta é.
*Practice makes perfect! Correct any mistakes you made and rewrite your account on the appropriate page at the end of this book. Practise it regularly.*

**Caibidil 12**

# Fadhbanna Sóisialta / Social Problems

## Ceisteanna / Questions

**1. An dóigh leat go bhfuil a lán fadhbanna sóisialta againn sa tír faoi láthair?**
*Do you think we have a lot of social problems in the country at present?*

| | |
|---|---|
| Cinnte, bíonn fadhbanna sóisialta ann i gcónaí. | Sure, there are always social problems. |
| Is iomaí fadhb shóisialta atá againn in Éirinn faoi láthair. | We have many social problems in Ireland today. |
| Tá a lán daoine gan dídean sa tír. | A lot of people are homeless in the country. |
| Tá fadhb an bhochtanais ann. | There is a problem with poverty. |
| Tá fiacha móra ag a lán daoine ó ré an Tíogair Cheiltigh agus anois tá siad faoi bhrú mór. | A lot of people have big debts from the Celtic Tiger era and they are now under great pressure. |
| Tá fadhb na dífhostaíochta againn. Tá fás mór tagtha ar líon na ndaoine atá gan obair le roinnt blianta anuas. | We have a problem with unemployment. The number of people without work has been growing over the past number of years. |
| Tá fadhb na ndrugaí againn i gcónaí. Tá líon na ndaoine óga a thógann drugaí ag fás i gcónaí. | We still have a drugs problem. The number of young people taking drugs continues to grow. |
| Tá fadhb an alcóil againn mar a bhí i gcónaí. Is cuid dár gcultúr é an t-alcól, dar liomsa. | We have a problem with alcohol as always. I think alcohol is part of our culture. |
| Ólann a lán daoine an iomarca alcóil sa tír seo, ní hamháin daoine óga. | A lot of people drink too much in this country, not just young people. |
| Bíonn daoine óga ar an ragús / drabhlás ag an deireadh seachtaine agus ansin cuirtear brú ar an tseirbhís sláinte nuair a bhíonn cóir leighis ag teastáil uathu sna hospidéil. | Young people binge-drink at the weekend and then put the health service under pressure when they need medical attention in hospital. |
| Anois, tá fadhb freisin le murtall i bpáistí agus i ndaoine fásta. | Now we also have a problem with obesity in young people and in adults. |
| Tá an iomarca siúcra agus bia míshláintiúil á n-ithe ag daoine agus níl dóthain cleachtaidh coirp á dhéanamh acu. | People are eating too much sugar and unhealthy food and not doing enough exercise. |

## Bua sa Bhéaltriail

**2. Cad is cúis leis an bhfadhb sin, i do thuairim?**
*What is the reason for the problem, in your opinion?*

| | |
|---|---|
| Níl a fhios agam, dáiríre. Is ceist chasta í. | I don't know really. It is a complex question. |
| Sílim go bhfuil baint aici le . . . | I think it is connected to . . . |

| | |
|---|---|
| bochtanas / an iomarca airgid | poverty / too much money |
| easpa smachta ag tuistí ar a bpáistí | lack of parental control |
| bia míshláintiúil / mífholláin a ithe | eating unhealthy food |
| easpa eaclaíochta | lack of exercise |

| | |
|---|---|
| an tionscal fógraíochta: feiceann páistí fógraí agus cuireann siad brú ar a dtuistí an bia a cheannach | the advertising industry: children see adverts and they put pressure on their parents to buy the food. |

| | |
|---|---|
| easpa dlíthe: uaireanta ní bhíonn sé soiléir ó na lipéid an bhfuil an bia sláintiúil nó nach bhfuil | lack of legislation: sometimes it is not clear from the labels whether the food is healthy or not |

| | |
|---|---|
| easpa airgid / infheistíochta i dtithe a thógáil | lack of money / lack of investment in house-building |

**1. 'An dóigh leat go bhfuil a lán fadhbanna sóisialta againn sa tír faoi láthair?'**
*Do you think that we have a lot of social problems in the country at present?*

### Freagra samplach

Faraor, is iomaí fadhb shóisialta atá in Éirinn faoi láthair, dar liomsa.

Tá a lán daoine dífhostaithe agus a lán daoine óga ag dul ar imirce. Tá daoine eile ag maireachtáil i mbochtanas mar tá fiacha móra acu agus, níos measa fós *(worse still)*, tá líon na ndaoine gan dídean ag fás.

Ar nós beagnach gach tír eile ar domhan, tá fadhb sa tír seo maidir le drugaí agus alcól agus le roinnt blianta anuas, tá fadhb an mhurtaill i measc na n-óg ag fás. Tá na fadhbanna seo ar fad ag cur brú ar an seirbhís sláinte.

Is é mo thuairim go bhfuil dlúthbhaint idir fadhbanna sóisialta agus bochtanas, agus, dar ndóigh, le polasaithe an Rialtais.

## Do scéal féin / Your personal answer

Anois, freagair an cheist seo a leanas go pearsanta. Tabhair do do mhúinteoir é chun é a cheartú.

'Cad é do mheas ar na fadhbanna sóisialta atá againn sa tír seo faoi láthair agus cad is cúis leo?'

# Bua sa Bhéaltriail

### Fócas ar an Scrúdú / Exam Focus

Cleachtadh a dhéanann máistreacht! Ceartaigh aon bhotúin a rinne tú agus athscríobh do chuntas ar an leathanach cuí ag deireadh an leabhair seo. Cleachtaigh go rialta é.

*Practice makes perfect! Correct any mistakes you made and rewrite your account on the appropriate page at the end of this book. Practise it regularly.*

## Cúrsaí Polaitíochta / Political Issues

### Ceisteanna / Questions

**1. Cad é do thuairim faoi pholaiteoirí?** – *What is your opinion of politicians?*

| | |
|---|---|
| Níl mórán suime agam i gcúrsaí polaitíochta. | *I don't have much interest in politics.* |

| | |
|---|---|
| Tá polaiteoirí éagsúla ar an saol. | There are different types of politicians. |
| Bhí an-mheas agam ar Nelson Mandela. Faraor, ní bheidh a leithéid arís ann. | I had great respect for Nelson Mandela. Unfortunately, his likes will never be here again. |
| Is maith liom . . . ach níl mé ró-thógtha le . . . | I like . . . but I'm not very impressed by . . . |
| Tá post deacair ag polaiteoirí an lae inniu idir an sceimhlitheoireacht, fadhbanna airgeadais agus cúrsaí aeráide. | Politicians today have a very difficult job between terrorism, financial problems and climate issues. |

**2. Cad é do thuairim faoi pholaiteoirí na tíre seo?** *What is your opinion of this country's politicians?*

| | |
|---|---|
| Níl mórán eolais agam faoi pholaiteoirí na tíre seo ach bíonn mo thuistí i gcónaí ag caint / ag gearán fúthu. | I don't know much about this country's politicians but my parents are always talking / complaining about them. |
| Tá post deacair ag polaiteoirí an lae inniu agus ní dóigh liom go mbeadh sé féaráilte gearán a dhéanamh fúthu. | Politicians today have a hard job and I don't think it would be fair to complain about them. |
| Níor mhaith liom a bheith i mo pholaiteoir. Níl mé in éad leo. | I wouldn't like to be a politician. I don't envy them. |
| Tá an-mheas agam ar pholaiteoirí na tíre seo. Sílim go bhfuil post an-deacair acu agus tá siad ag déanamh a ndíchill. | I have great respect for this country's politicians. I think they have a difficult job and that they are doing their best. |
| Glacaim leis go bhfuil post deacair ag polaiteoirí faoi láthair ach, mar sin féin, ní dóigh liom go bhfuil jab maith á dhéanamh acu. | I accept that politicians have a difficult job at present but, even so, I don't think they're doing a good job. |
| Deir daoine go bhfuil a lán polaiteoirí mímhacánta ach níl dóthain eolais agam chun tuairim a bheith agam. | People say that a lot of politicians are dishonest but I don't have enough information to have an opinion. |
| Ceapaim go bhfuil praiseach cheart déanta den tír seo ag na polaiteoirí agus daoine eile. | I think that politicians and others have made a shambles of the country. |
| Tá ceithre mhór-pháirtí polaitíochta sa tír seo ach, dar liomsa, níl mórán difríochta eatarthu. | There are four major political parties in this country but, in my opinion, there is little difference between them. |

## Bua sa Bhéaltriail

**1. Cad é do thuairim faoi pholaiteoirí?** – *What is your opinion of politicians?*

### Freagra samplach

Chun na fírinne a rá, níl mórán suime agam i gcúrsaí polaitíochta ach bhí an-mheas agam ar Nelson Mandela mar pholaiteoir.

Sílim go bhfuil post deacair ag polaiteoirí ar fud an domhain inniu idir an sceimhlitheoireacht *(terrorism)*, fadhbanna airgeadais agus cúrsaí aeráide *(financial problems and climate issues)*.

Níl mórán eolais agam faoi pholaiteoirí na tíre seo ach cloisim mo thuistí ag gearán fúthu go minic. Tuigim go bhfuil a lán fadhbanna sa tír ach sílim go bhfuil na polaiteoirí ag déanamh a ndíchill. Níl mé in éad leo!

### Do scéal féin / Your personal answer

Anois, freagair an cheist seo a leanas go pearsanta. Tabhair do do mhúinteoir é chun é a cheartú.

'Cad é do mheas ar pholaiteoirí na tíre seo?'

### Fócas ar an Scrúdú / Exam Focus

**Cleachtadh a dhéanann máistreacht! Ceartaigh aon bhotúin a rinne tú agus athscríobh do chuntas ar an leathanach cuí ag deireadh an leabhair seo. Cleachtaigh go rialta é.**

*Practice makes perfect! Correct any mistakes you made and rewrite your account on the appropriate page at the end of this book. Practise it regularly.*

# Bua sa Bhéaltriail

## Cúrsaí Oideachais / Educational Issues

### Ceisteanna / Questions

**1. Cad a cheapann tú faoin gcóras oideachais in Éirinn?**
*What do you think about the educational system in Ireland?*

| | |
|---|---|
| Mar a deir an seanfhocal, 'Bíonn dhá insint ar gach scéal'. Tá buanna agus lochtanna ag an gcóras oideachais sa tír seo. | As the proverb says, 'There are two sides to every story'. The educational system in this country has good and bad points. |
| Sílim go bhfuil córas oideachais den scoth againn in Éirinn. | I think we have an excellent educational system in Ireland. |
| Oibríonn na múinteoirí go han-dian agus tá suim acu ina ndaltaí. | The teachers work very hard and are interested in their students. |
| Níl aon chóras oideachais a d'oirfeadh do gach duine ach tá trí chineál Ardteistiméireachta ar fáil in Éirinn – an Ardteist thraidisiúnta, Clár Gairm na hArdteistiméireachta (LCVP) agus an Ardteist Fheidhmeach (LCA). | There is no educational system which suits everyone but in Ireland there are three choices of Leaving Cert – the traditional Leaving Cert, the Leaving Cert Vocational Programme (LCVP) and the Leaving Cert Applied (LCA). |
| Cuirtear oideachas cuimsitheach ar fáil do dhaltaí sa tír seo. Tá múinteoirí speisialta ann agus breis cabhrach do dhaltaí le riachtanais speisialta. | Students in this country get a comprehensive education. There are special teachers and extra help for students with special needs. |
| Ar an láimh eile . . . | On the other hand . . . |
| Tá roinnt scoileanna sa tír – go mór mór bunscoileanna – i ndroch chaoi de bharr easpa infheistíochta. | Some schools – especially primary schools – are in bad condition because of a lack of investment. |
| Sílim go bhfuil an iomarca béime ar ábhair acadúla agus ar scrúduithe. | I think there is too much emphasis on academic subjects and exams. |
| Sílim go bhfuil roinnt de na siollabais sean-fhaiseanta agus leadránach. | I think some of the syllabi are old-fashioned and boring. |
| Ní dóigh liom go múintear dóthain scileanna saoil sa scoil. | I don't think enough life skills are taught in school. |
| Ba chóir níos mó teangacha Eorpacha agus an Mhandairínis a mhúineadh. | More European languages and Mandarin should be taught. |
| Ba chóir níos mó béime a chur ar scileanna ríomhaireachta mar tá siad | More emphasis should be put on computer skills as they are necessary for almost every job |

| | |
|---|---|
| riachtanach do bheagnach gach post inniu agus don saol. | today and for life. |
| Ba chóir níos mó aitheantais a thabhairt do scileanna ar nós scileanna díospóireachta, drámaíochta agus spóirt. | More recognition should be given to skills such as debating, drama and sporting skills. |
| Tá sé tábhachtach go múintear scileanna atá riachtanach do shaol na hoibre, mar shampla, conas dul faoi agallamh agus óráid a dhéanamh. | It is important that skills necessary for the work place, for example how to do an interview and make a speech, are being taught. |
| 'Sé mo thuairim go mba chóir níos mó ama a chaitheamh ar chorpoideachas agus spórt mar tá fadhb an mhurtaill ag méadú i measc na n-óg. | In my opinion, more time should be spent on PE and sport because the problem of obesity is increasing among young people. |

1. **Cad a cheapann tú faoin gcóras oideachais in Éirinn?**
   *What do you think about the educational system in Ireland?*

### Freagra samplach

Bhuel, mar a deir an seanfhocal, 'Bíonn dhá insint ar gach scéal.' Is é mo thuairim go bhfuil buanna agus lochtanna ag an gcóras oideachais sa tír seo.

Ar láimh amháin tugtar oideachas maith cuimsitheach *(comprehensive)* do dhaltaí. Oibríonn na múinteoirí go dian ar son *(on behalf of)* a ndaltaí agus tá suim acu iontu. Tá rogha mhaith ábhar ar fáil agus rogha mhaith Ardteiste – an Ardteist thraidisiúnta, Clár Gairme na hArdteistiméireachta agus an Ardteistiméireacht Fheidhmeach agus tá cabhair speisialta ar fáil do dhaltaí le riachtanais speisialta.

Ar an láimh eile, tá an-bhéim ar ábhair acadúla fós *(still)* agus tá cuid de na cúrsaí sean-fhaiseanta agus leadránach. Chomh maith leis sin, ní dóigh liom go n-ullmhaíonn an córas oideachais na daltaí do shaol na hoibre ná don saol mór. Dar liomsa, ba chóir níos mó béime a chur ar scileanna saoil, ar shláinte agus ar scileanna don ionad oibre *(work place)*.

### Do scéal féin / Your personal answer

Anois, freagair an cheist seo a leanas go pearsanta. Tabhair do do mhúinteoir é chun é a cheartú.

'Cad a cheapann tú faoin gcóras oideachais in Éirinn?'

### Fócas ar an Scrúdú / Exam Focus

**Cleachtadh a dhéanann máistreacht! Ceartaigh aon bhotúin a rinne tú agus athscríobh do chuntas ar an leathanach cuí ag deireadh an leabhair seo. Cleachtaigh go rialta é.**

*Practice makes perfect! Correct any mistakes you made and rewrite your account on the appropriate page at the end of this book. Practise it regularly.*

**Caibidil 12**

# An Córas Sláinte / The Health Service

## Ceisteanna / Questions

**1. Cad é do thuairim faoin gcóras sláinte sa tír seo?**
*What is your opinion of the health system in this country?*

| | |
|---|---|
| Caithfidh mé a rá go bhfuil mé idir dhá chomhairle faoi. | I must say that I am between two minds about it. |
| Ar nós gach rud eile sa saol, tá buanna agus lochtanna ag baint leis. | Like everything else in life, it has good and bad points. |
| Deir a lán daoine go bhfuil dhá chóras sláinte againn sa tír seo – ceann do na daoine le hárachas sláinte príobháideach agus an córas poiblí dóibh siúd gan é. | A lot of people say that we have two health systems in this country – one for the people with private health insurance and the public system for those without it. |
| Tá liostaí fada feithimh ann do dhaoine atá sa chóras poiblí. | There are long waiting lists for people in the public (health) system. |
| Deir gach duine go bhfuil na haltraí is na dochtúirí go hiontach ach rinneadh gearradh siar ar an gcaiteachas ar shláinte le blianta beaga anuas agus tá brú ar an gcóras anois. | Everyone says that the nurses and doctors are wonderful but there have been cutbacks in health expenditure in recent years and the system is under pressure now. |
| In ainneoin na bhfadhbanna, sílim go bhfuil an Rialtas ag déanamh a dhíchill chun an córas sláinte a fheabhsú. | Despite the problems, I think the Government is doing its best to improve the health system. |
| Sílim go bhfuil post fíor-dheacair ag altraí agus go mba chóir pá maith a thabhairt dóibh. | I think nurses have a very difficult job and they should be paid well for it. |

**2. Ar mhaith leat a bheith i d'altra nó i do dhochtúir?**
*Would you like to be a nurse or a doctor?*

| | |
|---|---|
| Chun na fírinne a rá, níor mhaith liom. | To be honest, I wouldn't. |
| Ní dóigh liom go mbeinn oiriúnach do phost mar dhochtúir nó mar altra. | I don't think I would be suited to being a doctor or nurse. |
| In ainneoin na bhfadhbanna ba mhaith liom. | Despite the problems, I would. |

## Bua sa Bhéaltriail

1. **'Cad a cheapann tú faoin gcóras sláinte in Éirinn?'**
   *What do you think about the health system in Ireland?*

### Freagra samplach

Bhuel, mar a deir an seanfhocal, 'Bíonn dhá insint ar gach scéal.' Is é mo thuairim go bhfuil buanna agus lochtanna ag an gcóras sláinte sa tír seo.

Ar láimh amháin, tá altraí is dochtúirí den scoth *(excellent)* againn a oibríonn go dian dícheallach ar son na ndaoine.

Ar an láimh eile, caithfidh mé a admháil *(I must admit)* go bhfuil lochtanna sa chóras – tá liostaí fada feithimh sa chóras poiblí agus is cosúil go mbíonn sé an-deacair rudaí a athrú. Tá costas an árachais phríobháidigh ag méadú bliain i ndiaidh bliana freisin.

Tá a fhios agam an mbíonn pleananna móra ag gach rialtas don chóras sláinte ach tá súil agam go n-éireoidh leo mar is cuid an-tábhachtach den sochaí *(society)* é an córas sláinte dar liomsa.

Nílim in éad leo!

### Leid / Hint

Ná déan dearmad gur féidir leat úsáid a bhaint as an ábhar sa chaibidil seo agus aistí is díospóireachtaí idir lámha agat. Go n-éirí leat!

*Don't forget that you can use the material in this chapter when undertaking essays and debates. Good Luck!*

### Do scéal féin / Your personal answer

Anois, freagair an cheist seo a leanas go pearsanta. Tabhair do do mhúinteoir é chun é a cheartú.

'Cad a cheapann tú faoin gcóras sláinte sa tír seo?'

_____
_____
_____
_____
_____
_____
_____
_____
_____
_____
_____

**Caibidil 12**

### Fócas ar an Scrúdú / Exam Focus

**Cleachtadh a dhéanann máistreacht! Ceartaigh aon bhotúin a rinne tú agus athscríobh do chuntas ar an leathanach cuí ag deireadh an leabhair seo. Cleachtaigh go rialta é.**
*Practice makes perfect! Correct any mistakes you made and rewrite your account on the appropriate page at the end of this book. Practise it regularly.*

# Bua sa Bhéaltriail

## Cúrsaí Aeráide / Climate Issues

### Ceisteanna / Questions

**1. Tá cúrsaí aeráide agus timpeallachta go mór i mbéal an phobail faoi láthair. Cad é do thuairim fúthu?**

*Environmental and climate issues are very much in the public mind at the moment. What is your opinion about them?*

| | |
|---|---|
| **Is cúis mhór imní é an téamh domhanda agus scrios na timpeallachta.** | *Global warming and the destruction of the environment are a big worry.* |
| **Ní haon ionadh go bhfuil cúrsaí aeráide go mór i mbéal an phobail tar éis na stoirmeacha uafásacha a bhí againn le blianta beaga anuas.** | *It is no wonder that climate change is in the public mind after the terrible storms we have had in recent years.* |
| **Ní thuigim go hiomlán cad is cúis leis na stoirmeacha uafásacha agus leis an athrú aimsire, ach ceapaim go bhfuil sé soiléir go bhfuil rud éigin mícheart.** | *I don't understand the cause of the awful storms and climate change, but I think it is clear that something is wrong.* |
| **Mar a deir an seanfhocal, 'Bíonn dhá insint ar gach scéal', agus tá daoine fós ann nach gcreideann in athrú aeráide.** | *As the proverb says 'There are two sides to every story', and there are still people who don't believe in climate change.* |
| **Is iomaí bagairt don timpeallacht atá ann. Tá an t-aer, an talamh agus na haibhneacha á dtruailliú ag tionscail agus ag stíl mhaireachtála na ndaoine.** | *There are many threats to the environment. The air, land and rivers are being polluted by industries and people's lifestyles* |
| **Tá na farraigí ag éirí níos teo agus na hoighearchaidhpeanna á leá mar gheall ar an damáiste atá déanta don chiseal ózóin ag gáis CFC.** | *The seas are becoming warmer and ice-caps are melting because of the damage done to the ozone layer by CFC gases.* |

**2. Cad is cúis leis an bhfadhb, dar leat?** *What do you think is the cause of the problem?*

| | |
|---|---|
| **Is ceist an-chasta í ach sílim go bhfuil dlúthcheangal idir an saol nua-aimseartha agus scrios na timpeallachta.** | *It is a complex question but I think that there is a close connection between the modern lifestyle and environmental destruction.* |
| **Ba mhaith le gach duine saol éasca a bheith aige / aici le gach áis nua-aimseartha: is iad saint agus leithleas na ndaoine is cúis le scrios na timpeallachta dar liomsa.** | *Everyone wants an easy life with all modern conveniences: it is the greed and selfishness of people that is the main cause of environmental destruction in my opinion.* |
| **Tá an timpeallacht á truailliú ag tionscail, ag carranna agus ag stáisiúin núicléacha.** | *The environment is being polluted by industries, cars and nuclear power stations.* |

| | |
|---|---|
| Tá an-damáiste déanta ag an domhan forbartha don timpeallacht, agus anois tá an Tríú Domhan ag tosú ar an mbóthar céanna. | The developed world has done a lot of damage to the environment, and now the Third World is starting on the same road. |
| Gan dabht tá ceangal idir bochtanas sa Tríú Domhan agus scrios na timpeallachta. | There is, without doubt, a connection between Third World poverty and environmental destruction. |

**3. Cad í réiteach na faidhbe, dar leat?** *What do you think is the solution to the problem?*

| | |
|---|---|
| Caithfimid go léir athmhachnamh a dhéanamh ar ár stíl mhaireachtála. Níl ach domhan amháin againn – ní bheidh an dara seans againn má scriosaimid é. | We all have to rethink our lifestyles. We only have one world – we won't have a second chance if we destroy it. |
| Caithfimid tús áite a thabhairt don athchúrsáil, do chumhacht na gaoithe agus do chumhacht na dtonnta sa todhchaí. | We must prioritise recycling, wind and wave power in the future. |
| Caithfimid cabhrú le tíortha sa Tríú Domhan forbairt a dhéanamh gan dochar a dhéanamh don timpeallacht. | We have to help the countries of the Third World to develop without damaging the environment. |
| Ba chóir do gach duine é / í féin a chur ar an eolas maidir le cúrsaí timpeallachta. | Everyone should educate himself / herself on environmental issues. |
| Ba chóir dúinn tacaíocht a thabhairt d'eagrais ar nós Greenpeace agus Friends of the Earth. | We should support organisations like Greenpeace and Friends of the Earth. |
| Is é caomhnú na timpeallachta an dúshlán is mó atá ag muintir an domhain anois agus amach anseo, i mo thuairim. | The preservation of the environment is the biggest challenge that the people of planet earth have now and in the future, in my opinion. |

**1. Cad a cheapann tú faoi chúrsaí timpeallachta?** – *What do you think about environmental issues?*

## Freagra samplach

Chun na fírinne a rá, is cúis mhór imní dom cúrsaí timpeallachta is an t-athrú aeráide. Ní haon ionadh sin tar éis na stoirmeacha uafásacha a bhí againn le blianta beaga anuas.

Cé nach dtuigim gach gné *(aspect)* den scéal, creidim na heolaithe *(scientists)* nuair a labhraíonn siad faoin athrú aeráide. Ní thuigim conas atá daoine fós á shéanadh *(denying it)*.

Tá an-damáiste déanta don timpeallacht ag tionscail agus ag ár stíl mhaireachtála, agus caithfimid athmhachnamh a dhéanamh ar chúrsaí go luath mar níl ach pláinéad amháin againn.

Sílim go mba chóir dúinn tús áite a thabhairt don athchúrsáil agus do chumhacht na gaoithe is na taoide in ionad breoslaí iontaise *(fossil fuels)* sa todhchaí.

Tá mé sásta aon rud a dhéanamh mar sílim go bhfuil ár bpláinéad i mbaol *(in danger)*.

# Bua sa Bhéaltriail

## Do scéal féin / Your personal answer

Anois, freagair an cheist seo a leanas go pearsanta. Tabhair do do mhúinteoir é chun é a cheartú.

'Cad a cheapann tú faoi chúrsaí timpeallachta?'

### Fócas ar an Scrúdú / Exam Focus

**Cleachtadh a dhéanann máistreacht! Ceartaigh aon bhotúin a rinne tú agus athscríobh do chuntas ar an leathanach cuí ag deireadh an leabhair seo. Cleachtaigh go rialta é.**

*Practice makes perfect! Correct any mistakes you made and rewrite your account on the appropriate page at the end of this book. Practise it regularly.*

# Bua sa Bhéaltriail

## An Ghaeilge / The Irish Language

### Ceisteanna / Questions

**1. Cad é do thuairim faoi staid na Gaeilge faoi láthair – an bhfuil meath nó fás i ndán di?**
*What do you think about the state of the Irish languge at present – is it going to flourish or die?*

| | |
|---|---|
| **Bhuel, is aoibhinn liomsa an teanga. Is é mo thuairim gur cuid lárnach d'ár gcultúr is d'ár n-oidreacht í.** | *Well, I love the language. In my opinion, it is a central part of our culture and heritage.* |
| **Sílim go bhfuil níos mó suime ag daoine sa Ghaeilge anois ná mar a bhíodh – féach ar an amhrán ó Choláiste Lurgan a scaipeadh go mear ar YouTube!** | *I think there is more interest in the Irish language today than there used to be – look at the song from Coláiste Lurgan that went 'viral' on YouTube!* |
| **Sílim go bhfuil muintir na hÉireann báúil don Ghaeilge go fóill fiú mura labhraíonn siad í.** | *I think the Irish people have an affection for the Irish language still even if they don't speak it.* |
| **Ní mó ná sásta a bhí na daoine nuair a bhí sé mar pholasaí ag Fine Gael ábhar roghnach a dhéanamh di. Tháinig na mílte amach ar na sráideanna ag déanamh agóide. D'athraigh an páirtí a pholasaí.** | *People were not at all happy when it was Fine Gael policy to make it a non-compulsory subject at school. Thousands protested on the streets and the party changed its policy.* |
| **Tá na Gaelscoileanna an-láidir go fóill agus ag dul ó neart go neart.** | *The Gaelscoileanna are very strong and going from strength to strength.* |
| **Bíonn an-tóir gach bliain ar na coláistí samhraidh agus bíonn na spásanna ar fad líonta go luath sa bhliain.** | *There is always a great demand for Irish colleges and the places fill up early in the year.* |
| **Bíonn an-éileamh freisin ar ranganna Gaeilge do dhaoine fásta, agus tá sé ag fás bliain i ndiaidh bliana.** | *There is a great demand also for Irish classes for adults, and the demand is growing year in, year out.* |
| **Sílim gur comharthaí dóchais iad seo ar fad do thodhchaí na Gaeilge.** | *I think these are all very hopeful signs for the future of Irish.* |
| **Ar an iomlán, in ainneoin na ndeacrachtaí ar fad, sílim go bhfuil an Ghaeilge láidir go leor agus cinnte níl sí i mbaol a báis, dar liomsa.** | *On the whole, despite the difficulties, I think Irish is strong and certainly is not in danger of dying, in my opinion.* |

**Caibidil 12**

**2. Cad ba chóir a dhéanamh chun an Ghaeilge a chaomhnú is a chur chun cinn i do thuairimse?**
*What should be done to preserve and promote the Irish language in your opinion?*

| | |
|---|---|
| Tá áthas orm go raibh an deis agam dul go dtí an Ghaeltacht. Déanann sé difríocht mhór do dhuine. Ní hamháin go dtagann feabhas ar do chuid Gaeilge ach tagann tú abhaile le grá nua don teanga. | *I am delighted that I had the opportunity to go to the Gaeltacht. It makes a big difference to a person. You not only improve your Irish but you come home with a new love of the language.* |
| Ceapaim go mba chóir don Rialtas scoláireachtaí a chur ar fáil do dhaltaí scoile chun cabhrú leo dul go dtí an Ghaeltacht. | *I think the Government should make scholarships available to students to help them to go to the Gaeltacht.* |
| Sílim go mba chóir do mhúinteoirí níos mó úsáide a bhaint as an nua-theicneolaíocht agus cluichí chun an teanga a mhúineadh. | *I think that teachers should use technology and games more to teach the language.* |
| Tá a lán cluichí Gaeilge ar fáil anois, mar shampla Scrabble as Gaeilge agus Focail Iontacha. | *There are lot of games available in Irish now, for example Scrabble and Focail Iontacha.* |
| Creidim go láidir go mba chóir níos mó ama a chaitheamh ag labhairt na Gaeilge ar scoil seachas dánta a léamh agus scéalta a scríobh. Mar a deir an seanfhocal, 'Beatha teanga í a labhairt'. | *I strongly believe that more time should be spent speaking Irish at school instead of reading poems and writing stories. As the proverb says, 'A language only lives if spoken'.* |
| Tá rogha mhaith aipeanna a bhaineann leis an nGaeilge ar fáil anois ar theileafóin ghlic agus tá an suíomh sóisialta AbairLeat! ann. | *There is a good selection of apps to do with Irish available for smart phones, and there is the Irish-language social media site, AbairLeat!* |
| Ba chóir níos mó úsáide a bhaint astu. | *They should be used more.* |

**3. Cad a cheapann tú faoin siollabas Gaeilge faoi láthair?**
*What do you think of the Irish syllabus at present?*

| | |
|---|---|
| Chun na fírinne a rá, táim idir dhá chomhairle faoi. | *To tell the truth, I'm between two minds about it.* |

## Seanfhocail oiriúnacha / Suitable proverbs

| | |
|---|---|
| Tír gan teanga, tír gan anam. | *A country without its own language is a country without a soul.* |
| Beatha teanga í a labhairt. | *A language only lives if spoken.* |

## Bua sa Bhéaltriail

> ### Leid / Hint
>
> **Ná déan dearmad gur féidir úsáid a bhaint as an ábhar sa chaibidil seo agus aistí is díospóireachtaí idir lámha agat. Go n-éirí leat!**
>
> *Don't forget that you can use the material in this chapter when undertaking essays and debates. Good Luck!*

### Do scéal féin / Your personal answer

Anois, freagair an cheist seo a leanas go pearsanta. Tabhair do do mhúinteoir é chun é a cheartú.

'Cad a cheapann tú faoi staid na Gaeilge faoi láthair?'

## Fócas ar an Scrúdú / Exam Focus

**Cleachtadh a dhéanann máistreacht! Ceartaigh aon bhotúin a rinne tú agus athscríobh do chuntas ar an leathanach cuí ag deireadh an leabhair seo. Cleachtaigh go rialta é.**

*Practice makes perfect! Correct any mistakes you made and rewrite your account on the appropriate page at the end of this book. Practise it regularly.*

# Bua sa Bhéaltriail

## Na Meáin Chumarsáide / The Media

### Ceisteanna / Questions

**1. Cad a cheapann tú faoi chumhacht na meán cumarsáide?**
*What do you think about the power of the media?*

| | |
|---|---|
| Bhuel, is léir go bhfuil a lán cumhachta ag na meáin chumarsáide. Bhí le fada an lá. | Well, it is clear that the media has a lot of power. They always have had. |
| Is iomaí sórt meán cumarsáide atá againn inniu – an teilifís, an raidió, nuachtáin, irisí agus, dar ndóigh, an t-idirlíon. | We have many types of media today – television, radio, newspapers, magazines and, of course, the internet. |
| An difríocht is mó atá sna meáin chumarsáide inniu ná go bhfuil gach rud ar fáil ar an bpointe ar líne agus ar shuíomhanna ar nós Twitter. | The biggest difference in terms of the media today is that everything is available immediately online and on sites such as Twitter. |
| Níl dabht ar bith ach go mbíonn tionchar ag na meáin orainn go léir ach go mór mór ar dhaoine óga. | There is no doubt that the media affects us all but especially young people. |
| Tá buntáistí agus míbhuntáistí ag baint leis na meáin. | There are advantages and disadvantages associated with the media. |
| Coimeádann siad daoine ar an eolas faoi chúrsaí an domhain ach, ar an láimh eile, úsáideann an tionscal fógraíochta na meáin chun íomhá áirithe a chruthú agus brú a chur ar dhaoine a gcuid earraí a cheannach. | It keeps us informed about world events but, on the other hand, the advertising industry uses the media to promote a particular image and puts pressure on us to buy their goods. |
| Is iomaí dainséar a bhaineann leis an idirlíon mar mheán cumarsáide – sábháilteacht, ábhar míoiriúnach a bheith ar fáil go héasca agus baol ó haiceálaithe. | There are many dangers relating to the internet as a medium – safety, inappropriate material being easily available and the danger from hackers. |
| Tá nós ag daoine óga daoine mór le rá a 'leanúint' agus uaireanta is droch-eiseamláirí iad. | Young people have a habit of 'following' famous people on line and sometimes they are bad role models. |
| Tá sé tábhachtach freisin a bheith feasach faoi úinéirí na meán agus faoin dearcadh ar mhaith leo a chur chun cinn. | It is important also to be aware of the owners of the media and the outlook they would like to promote. |

**2.** **An dóigh leat go bhfuil a lán cumhachta ag na meáin chumarsáide inniu?**
*Do you think the media today has a lot of power?*

### Freagra samplach

Tá cinnte, níos mó ná riamh i mo thuairimse. Ó tháinig an t-idirlíon ar an saol, tá gach rud ar fáil ar an bpointe ar líne. Is dócha gurb é an t-idirlíon an meán cumarsáide is mó úsáide *(most used)* sa lá atá inniu ann. Ach, mar a deir an seanfhocal, 'Bíonn dhá insint ar gach scéal' agus tá míbhuntáistí chomh maith le buntáistí ag baint leis na meáin ar fad, an t-idirlíon san áireamh. Bíonn ábhar míoiriúnach ar fáil go héasca ar líne, ní féidir brath ar fhírinne an scéil i gcónaí agus bíonn baol ann freisin ó haiceálaithe.

Cosúil le nuachtáin, cláir raidió agus cláir theilifíse, is gá dúinn a bheith feasach faoi úinéirí na meán éagsúla agus an dearcadh a bhíonn á chur chun cinn acu.

Mar sin féin, is tábhachtach an ról atá ag na meáin agus is cuid luachmhar den daonlathas *(democracy)* iad.

### Do scéal féin / Your personal answer

Anois, freagair an cheist seo thíos go pearsanta. Tabhair do do mhúinteoir é chun é a cheartú.

'Cad é do mheas ar na meáin chumarsáide inniu?'

# Bua sa Bhéaltriail

## Fócas ar an Scrúdú / Exam Focus

**Cleactadh a dhéanann máistreacht! Ceartaigh aon bhotúin a rinne tú agus athscríobh do chuntas ar an leathanach cuí ag deireadh an leabhair seo é. Cleachtaigh go rialta é.**

*Practice makes perfect! Correct any mistakes you made and rewrite your account on the appropriate page at the end of this book. Practise it regularly.*

## Fáiltiú

1. Cad is ainm duit? _____
   _____
   _____

2. Cén aois tú? _____
   _____
   _____

3. Cén dáta breithe atá agat? / Cathain ar rugadh tú? _____
   _____
   _____

4. Cén seoladh baile atá agat? (what is your home address?) _____
   _____
   _____

5. Cén scrúduimhir atá agat? (What is your examination number?) _____
   _____
   _____

# Bua sa Bhéaltriail

1. Inis dom fút féin agus faoi do chlann.

**2. Inis dom faoi do cheantar.**

## Bua sa Bhéaltriail

**3. Inis dom faoin scoil seo agus faoi shaol na scoile.**

Roinn na bhFreagraí

## Bua sa Bhéaltriail

4. Cad iad na caithimh aimsire atá agat?

**5. Céard ba mhaith leat a dhéanamh tar éis na hArdteistiméireachta?**

## Bua sa Bhéaltriail

**6. Céard ba mhaith leat a dhéanamh mar shlí bheatha / sa todhchaí?**

Roinn na bhFreagraí

## Bua sa Bhéaltriail

7. Cén úsáid a bhaineann tú as an teicneolaíocht i do shaol?

**Roinn na bhFreagraí**

8. Inis dom faoi shaol an duine óig inniu.

# Bua sa Bhéaltriail

**9. Cad a rinne tú ar do laethanta saoire an samhradh seo caite?**

Bua sa Bhéaltriail

**10.** An raibh post páirtaimseartha nó post samhraidh agat riamh?

# Bua sa Bhéaltriail

**11. An raibh tú riamh thar lear / sa Ghaeltacht?**

## Bua sa Bhéaltriail

12. Cad a dhéanann tú gach deireadh seachtaine?

Roinn na bhFreagraí

## Bua sa Bhéaltriail

13. An imríonn tú aon spórt? Inis dom faoi.

**14. Inis dom faoi do ról mar chinnire scoile.**

**Bua sa Bhéaltriail**

**15. Cén plean atá agat don samhradh seo chugainn?**

Roinn na bhFreagraí

## Bua sa Bhéaltriail

16. Dá mbuafá an Crannchur Náisiúnta céard a dhéanfá?

16. Dá mbuafá an Crannchur Náisiúnta céard a dhéanfá?

**Roinn na bhFreagraí**

**17. Céard a dhéanfá dá mbeifeá i do Thaoiseach?**

## Bua sa Bhéaltriail

**18. Cad a cheapann tú faoin gcóras oideachais in Éirinn?**

Roinn na bhFreagraí

## Bua sa Bhéaltriail

19. Céard a cheapann tú faoin nGaeilge sa chóras oideachais?

**Roinn na bhFreagraí**

**20. Cad í an fhadhb shóisialta is mó sa tír faoi láthair i do thuairim?**

# Bua sa Bhéaltriail